唯識の思想

横山紘一

講談社学術文庫

目次

唯識の思想

第一章　一人一宇宙……9
第二章　心が迷う……34
第三章　意識の働き……58
第四章　心は微細に働く……83
第五章　自我に執われてしまう人間……110
第六章　すべてのものは心が生み出す……123
第七章　新しい身体観……143

第八章　心の深層が作り出す自然……172
第九章　ヨーガの生活……191
第十章　さわやかな覚醒の朝を迎える……220
第十一章　他者のために生きる……239
第十二章　「唯識」をいまに生かす……259

原本あとがき……276
学術文庫版あとがき……279

唯識の思想

第一章　一人一宇宙

「自分」はほんとうに存在するのか

仏教を興した釈尊の根本的教理はなにかといえば、それは「無我《むが》」であります。我れ無し、すなわち「自分」は存在しないという教えです。もちろんこれは六年間の修行の末、あの菩提樹の下で釈尊が悟られた内容であります。したがって、私たちが無我を真に理解するためには、自ら実践してそれを体得しなければなりません。しかしそこまでいかなくても、次のような問答で、無我であることを理解することができます。

私は講演や講義において、いろいろな方に次のように問いかけています。「手を見てください。それはだれの手ですか」と。質問された人は必ず、「自分の手です」と答えます。そのときすかさず、「手は眼で見えますが、いまあなたが言った自分という言葉に対応するものがあるでしょうか。静かに観察してみてください」と再び問いかけます。そこで相手は考え始めます。しかし相手は困った顔をするだけで、答えは返ってきません。なぜなら、その「自分」という言葉が指し示すものを決して発見できないからです。

続けてまたもう一つ実験をします。「眼を閉じてそして開いてください。いま私を見ていますが、だれが私を見ているのですか」と問うと、当然相手は、「自分が見ています」と答えてきます。そのとき、また前と同様自分という言葉に対応するものを探させるのですが、やはり見いだせません。

そうです。「自分」というのは言葉が、あるいは言葉の響きがあるだけなのです。その響きに惑わされて存在しない自分をあたかも存在するが如くに思い、しかもすべての行動の主体、主人公としてとらえ、「自分が、私が、おれが……」と言い張るのです。なんと自分本位な行為ではないでしょうか。

このように静かに心の中を観察し、考えていくと、存在するのは唯《た》だ手、足、ないしは身体だけであります。それなのに、自分という言葉を付与して「自分の手」といって、強引に手を自分の所有物にしてしまうのです。

身体だけではありません。心の働きについても同様です。「自分の心はなんと気弱いことか」と嘆くとき、唯《た》だ弱い心が働いているだけです。弱い心だけではありません。私たちの一日の心の動きを見ていると、得意がったりがっかりしたり、はしゃいだり嘆いたりと、あきれるほど変化しています。私たちはそれらすべてを「自分の心」と考えていますが、手の場合と同様、自分という言葉に対応するものを発見することはできません。

「存在するのは唯《た》だ身体、唯《た》だ心だけであるのに、それを自分である、あるいは自分のものと誤認している」という、この事実の認識から仏教理解が始まるといっても過言ではありません。

　この事実を、〈五蘊《ごうん》を縁じて我《が》・我所《がしょ》と執する〉といいます。

「五蘊」とは色《しき》・受《じゅ》・想《そう》・行《ぎょう》・識《しき》の五つをいい、存在を構成する五つの要素です。このうち「色」は身体、広くは物質的なるもの、「受」以下の四つは心に相当します。「縁じる」とは対象を認識すること、「我」とは自分、「我所」とは自分の所有するもの、という意味です。したがって、「五蘊を縁じて我・我所と執する」とは、「身心を構成する要素を、自分・自分のものと認識してしまうこと」と訳すことができます。

「唯だ」とみることの重要性

「唯《た》だ身体、唯《た》だ心だけがある」と述べましたが、この中の「唯《た》だ」ということが重要です。「なぜ無我であるのか」。それは、身心を構成する諸要素があるだけであって、それらから構成される我（自分）は存在しないからです。

　例えば、ピラミッドを考えてみましょう。ふつうはピラミッドがあると考えますが、よくよくみれば、唯《た》だそれを構成している数多くの岩石があるだけです。ピラミッドというものは存在しません。自分についてもそれと同じく唯《た》だ手や足、ないしは六十兆の細胞が、さらには唯《た》ださまざまな心の働きがあるだけで、それらから成り立つ「自分」というものは存在しないのです。たとえ存在するとしても、それは仮にあるもの、すなわち「仮我《けが》」であると呼ぶべきです。

ところでこの「唯《た》だ」あるのはなにか、という追求の末に、すべての存在の構成要素は、心の中に認識されて初めて成立するとしたのが「唯識《ゆいしき》」という思想です。唯識とは、「唯《た》だ識《しき》、すなわち心だけしか存在しない。自分の周りに展開するさまざまな現象は、すべて根本的心、すなわち阿頼耶識《あらやしき》から生じたもの、変化したものである」と主張する思想です。

これを、〈一切《いっさい》は唯識所変《ゆいしきしょへん》である〉といいます。

例えば私たちは、大都会の真ん中に立つと、目前にそびえる高層ビルの偉容に圧倒されます。また、デパートの売り場に並べられた多くの商品に魅惑され、これもあれも買いたいという欲望に踊らされてしまいます。しかし唯識思想によれば、これら高層ビルないし商品といった「もの」は心の中の影像であって、心の外に存在するものではないのです。

そんなばかなことがあるか、と反論する人も多くおられると思いますが、「もの」はすべて心の中にある、という事実をこれから唯識思想にしたがって徐々に説明してまいります。

この、「すべては心の中にある、心を離れてはものは存在しない、心の外にはものはない」ということを、〈一切不離識《いっさいふりしき》、唯識無境《ゆいしきむきょう》〉といいます。

唯識思想はどのように興ったか

ここで、仏教史における唯識思想の位置と意義について簡単に概説してみます。仏教は、おおまかにいえば、原始仏教→部派仏教（小乗仏教）→大乗仏教という順序で展開してきました。このうち原始仏教とは、仏教の創始者である釈尊の生存時代、あるいは死後数十年の仏教、すなわち釈尊自身によって説かれた教説を中心とした仏教をいいます。

ある宗教の開祖が偉大な思想家であればあるほど、その深遠な思想の解釈をめぐって後継者の間に意見の対立が起こることは歴史の必然の流れでありますが、仏教もその例外ではなく、釈尊入滅後百年ごろに教団内に五つの事柄について論争が生じ、その結果保守的な「上座部《じょうざぶ》」と進歩的な「大衆部《だいしゅぶ》」とに分裂しました。そしてその後、この両部はそれぞれさらに分裂を繰り返し、新たに十八の部派が成立しました。根本の二部（上座部と大衆部）と枝末の十八部とを合わせて「小乗二十部」といいます。そしてこの諸部派対立の時代の仏教を「部派仏教」、あるいは「小乗仏教」といいます。

部派仏教の関心は、主として釈尊の説いた教説（ダルマ・法）を詳細に研究解釈することにありました。簡潔な釈尊の教説が難解な数多くの術語で整理分類され、さらに内容的に発展解釈されるに至ったのです。この部派仏教のことをアビダルマ（阿毘達磨《あびだつま》）仏教といいます。この部派仏教の人々は教理の煩瑣《はんさ》な研究に没頭するあまり、衆生《しゅじょう》の救済という仏教本来の目的を忘れ、自分一人の解脱《げだつ》を目ざす自利行《じりぎょう》のみに専念しがちになるという弊害が生じました。

このような仏教界への反動として、紀元前後に、自己の解脱より他者の救済を目的とする釈尊への復帰運動が起こりました。これが「大乗仏教」です。

大乗仏教ではまず『般若経《はんにゃぎょう》』に基づく「空《くう》思想」が、続いて『解深密経《げじんみつきょう》』などに基づく「唯識思想」が起こりました。宗派名でいえば、前者が「中観派《ちゅうがんは》」、後者が「瑜伽行派《ゆがぎょうは》」です（バラモン教に瑜伽行派があるため、それと区別するのに唯識瑜伽行派という場合がありますが、ここではわかりやすく「唯識派」と呼ぶことにします）。

ところで、あらゆる存在は心の現れにすぎないという、いわば唯心論的な思想がインドの仏教史上においてなぜ生じたのでしょうか。それは結論からいえば、空《くう》を強調するあまり、ともすれば虚無主義に陥る可能性のある般若の空思想を是正するために、特に瑜伽《ゆが》、すなわちヨーガを好んで実践した人々によって、まずは少なくとも心はあると認める思想が打ち立てられたのです。般若の空思想の空も決して虚無の無ではなく、非有非無《ひうひむ》とでもいうべき存在の究極の真理を悟ることを目ざす思想であり、この意味で唯識思想と全く同じ立場であります。

しかし、あらゆる概念を否定するその表現から、一切は全く存在しないのだと誤解する可能性もあります。事実、そのような虚無主義に陥った人々が当時現れたようです（そのような人々を唯識派は悪取空者《あくしゅくうじゃ》と呼んで非難しています）。

この傾向を防ぐために「識」、すなわち心だけは存在するのだという思想が現れました。こちらの岸からあちらの対岸に渡るためには、例えば筏《いかだ》が必要です。それと同じく、迷いの此岸《しがん》から悟りの彼岸《ひがん》に渡るための筏、それを唯識派の人々は心に求めたのです。

唯識思想といえば、あとで述べる阿頼耶識《あらやしき》、末那識《まなしき》、三性《さんしょう》などの独自の思想が有名で、その教理は複雑で難解であるというのが定説ですが、しかしその理論に拘泥するあまり、この思想の本質を見落とす危険性があります。唯識思想はヨーガを実践し、自己の心のありようを深層から浄化することによって、迷いから悟りに至るための方法と階梯とを詳細に説いています。その際、般若の空思想が否定した部派仏教の諸概念を再び採り入れ、さらにヨーガの体験を通して発見した阿頼耶識や末那識などの教理を付加して独自の思想を形成したのです。

弥勒、無著、世親による唯識の体系化

唯識思想は、インドにおいて弥勒《みろく》、無著《むじゃく》、世親《せしん》の三人によって宣唱されました。このうち弥勒については、兜率天《とそつてん》の弥勒菩薩であるという説と歴史的人物とみる二つの説がありますが、いずれにしても唯識思想を学ぶうえではこの問題はさほど重要ではありません。

インドにおける唯識思想は無著と世親という兄弟によって組織体系化されました。このうち兄の無著の代表作は『摂大乗論《しょうだいじょうろん》』で、この書によって唯識説がほぼ組織的にまとめ上げられました。これを受けて、弟の世親がまず『唯識二十論《ゆいしきにじゅうろん》』の中で、「外界には事物は存在しない」という唯識無境《ゆいしきむきょう》の理を多方面から論証し、外界実在論《がいかいじつざいろん》を破斥しました。そして晩

年、わずかに三十の頌《じゅ》の中に唯識の教理と実践と悟りとを巧みに表した『唯識三十頌《ゆいしきさんじゅうじゅ》』を著しました。

この書は世親の最晩年の著作であり、自らの解説が施されていません。したがって彼の死後多くの論師《ろんじ》たちがこの書を注釈しましたが、後にインドで唯識を学んだ玄奘《げんじょう》によって十人の注釈者（十大論師という）の名が伝えられています。

玄奘はその中の一人、護《ご》法《ほう》の弟子である戒賢《かいげん》から護法系の唯識教理を学び、帰国後、十大論師の説を紹介しつつも護法の注釈を正しい説とする『成唯識論《じょうゆいしきろん》』を訳出しました。この書の成立によって唯識思想が完成されたといえます。

玄奘、窺基による法相宗の成立

唯識思想は、『西遊記《さいゆうき》』の三蔵法師としても有名な玄奘によって、十七年もの長きに亘《わた》るインドへの求《ぐ》法《ほう》の末、中国にもたらされました。帰国後、彼は持ち帰ったサンスクリット原本の翻訳事業に専念し、入滅するまでの二十年間に七十五部千三百三十五巻にも及ぶ膨大な量の翻訳を成し遂げました。

このように、彼は小乗と大乗とにわたる経論を訳出しましたが、彼の主目的は唯識思想の宣揚《せんよう》にありました。したがって、彼は唯識系の諸経論をもっとも多く訳しています。とりわけ『成唯識論』の訳出は、中国仏教史上画期的な事業でした。この書は前述したように世親の『唯識三十頌』に対する十人の注釈をまとめたものですが、その中で護法の解釈を正しい説として採り入れています。

偉大な翻訳家としての玄奘の業績は、弟子の慈恩大師《じおんだいし》・窺基《きき》に受け継がれ、窺基は玄奘が訳した経論に注釈を施し、さらに玄奘がもたらした唯識思想に基づいて法相宗《ほっそうしゅう》という一つの宗派を興しました。

日本への伝来

中国で成立した法相宗とその教理とは、唐への留学僧《りゅうがくそう》によって次の四ルートで日本に伝えられました。

第一伝（道昭《どうしょう》）、第二伝（智通《ちつう》、智達《ちたつ》）、第三伝（智鳳《ちほう》、智鸞《ちらん》、智雄《ちゆう》）、第四伝（玄昉《げんぼう》）。

右のルートによって日本に伝来した法相宗は、奈良時代、南都仏教の一つとして勢力を持ちました。とりわけ第一伝の道昭が元興寺《がんごうじ》で、第四伝の玄昉が興福寺《こうふくじ》でそれぞれ唯識を広めたため、元興寺と興福寺とが特に栄えました。前者は南寺、後者は北寺と呼ばれ、この南北両寺はそれぞれの主張する教義を競い合い、多くの名僧と論書とを生み出しました。

このように日本に伝えられた唯識思想は、仏教の基本学として宗派を超えて脈々と学ばれ続け、現在に至っています。

人間は自分という牢獄に閉じ込められた囚人である

さて、いよいよ「唯識」という教理の説明に入っていきますが、この思想を学ぶにあたり、まず理解すべきは、「一人一宇宙《ひとりひとうちゅう》」という事実です。ふつう私たちは、一つの共通の空間、広くは宇宙の中に住んでいると思っています。

「百数十億年前に起こったあのビッグバンによって、いまこの宇宙は膨張し続けている。この広大無辺な宇宙の中に、一人の小さな存在として自分はいまここに生きている」と私たちは思っています。でも、そのような一つの共通な宇宙といったものは、人間同士が言葉で語り合うことによって「ある」と認め合った宇宙であり、いわば抽象的な存在です。それとは全く次元を異にしたもう一つの宇宙、すなわち具体的な宇宙があるのです。それはその中に「自分」が閉じ込められ、自分のみが背負って生きていかなければならない宇宙です。

朝、深い眠りから目を覚まします。そのときその人の宇宙が、いわばビッグバンを起こして再び生じたのです。科学の宇宙論がいうビッグバンは確かにあったかもしれません。しかし、各人が毎朝経験する一人ひとりのビッグバンのほうが確かな具体的な出来事です。この個人のビッグバンによって生じた宇宙の中に住するのは自分一人であり、決して他人が入ってくることはできません。ほんとうに一人一宇宙なのです。このことを、〈**人人唯識**《にんにんゆいしき》〉といいます。だから三人いれば三つの世界があります。したがって、例えば「そこに一本の木がある」と三人で言い合うとき、三人の外に実在する一本の木があるのではなく、一人ひとり

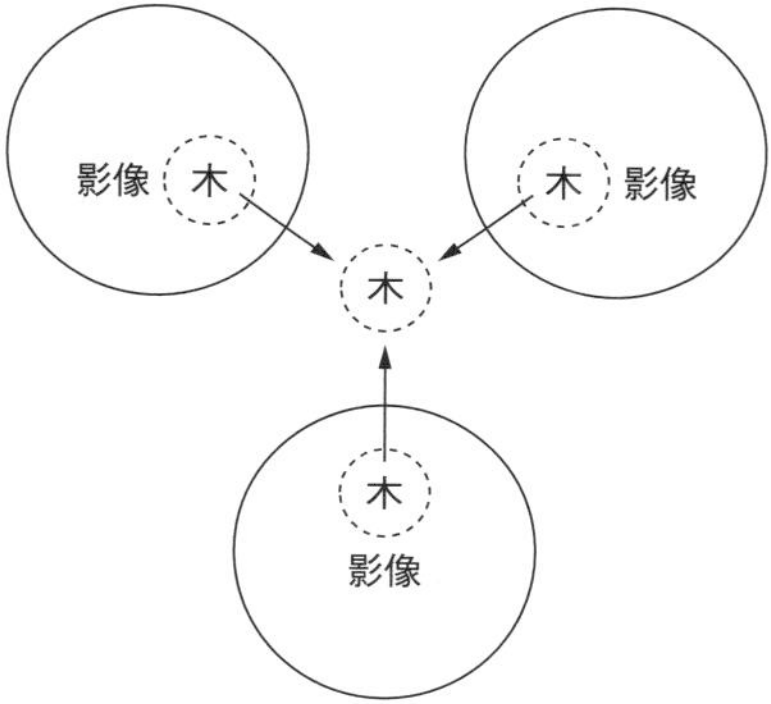

上の図で、点線で囲まれた「木」が実在するという見方を「外界実《がいかいじつ》在論《ざいろん》」といいます。西洋の哲学においても、実在論と観念論との間で論争が展開されてきました。仏教においても、外界に事物があるとみる学派、すなわちサウトラーンチカ（経量部《きようりようぶ》）やヴァイバーシカ（毘《び》婆沙師《ばしやし》）とそれを認めない唯識派との間で熾烈な論争が闘わされました。その模様は、世親《せしん》の『唯識二十論《ゆいしきにじゆうろん》』の中で詳しく述べられています。この書の中で唯識派は、原子（極微《ごくみ》）は心を離れて外界には存在しないこと、そしてたとえ外界に原子から構成される事物が存在しなくても、色・形を見る感覚や、火がものを焼くなどの事物の作用が成立しうるということを、いくつかの観点から論証しています。

現代の量子論が、量子（例えば電子）というミクロの世界での事象は、マクロ世界の事象とは全く異なり、量子は一定の速さと位置とを持つものとしては認識できず、唯《た》だ確率的に存在するものであり、観測者と電子とは一つのセットであるから、観測者ではなく関与者であるというべきだという事実がわかってきましたが、この量子論の成果と『唯識二十論』の中で展開されている論証とを比較するとき、科学と仏教の違いはあるにしても、その主張になんらかの共通点が認められることは興味あることです。

の心の中にある木の影像（観念）があるだけであり、三人が言葉でもってその影像をいわば外に投げ出し、あたかも一本の木があるが如くに認め合っているにすぎないのです（前ページの図参照）。

このように一人一宇宙ですから当然のことですが、各人の宇宙のありようは違っています。なにか気分がすぐれないと暗い世界になり、逆にうれしいこと、幸せなことが続けば明るい世界に変わります。極端な例ですが、もしも末期癌《がん》と宣告されたら、その人の世界は、たとえ桜の咲く春の季節であっても暗い灰色の世界に一変してしまいます。このようにまさに一人一宇宙であり、その宇宙から抜け出すことはできません。その宇宙は牢獄のようなもの、ほんとうに私たちは自分という牢獄の中に閉じ込められた囚人の如き存在なのです。

世界には具体的世界と抽象的世界とがあります。前者は一人ひとりが自らつくり出した世界であり、後者は言葉で語られ、しかも人間同士が「ある」と認め合った、いわば抽象的世界です。そして私たちは、この具体的世界から抜け出ることはできません（次ページの図参照）。

それなのに、私たちは一つの共通な同じ世界の中に住んでいると思っています。しかし決してそうではありません。一人一宇宙の中に閉じ込められているのです。

そしてこの閉じ込められた世界、すなわち自分の心の中に、自分が認識しているあらゆる存在があります。

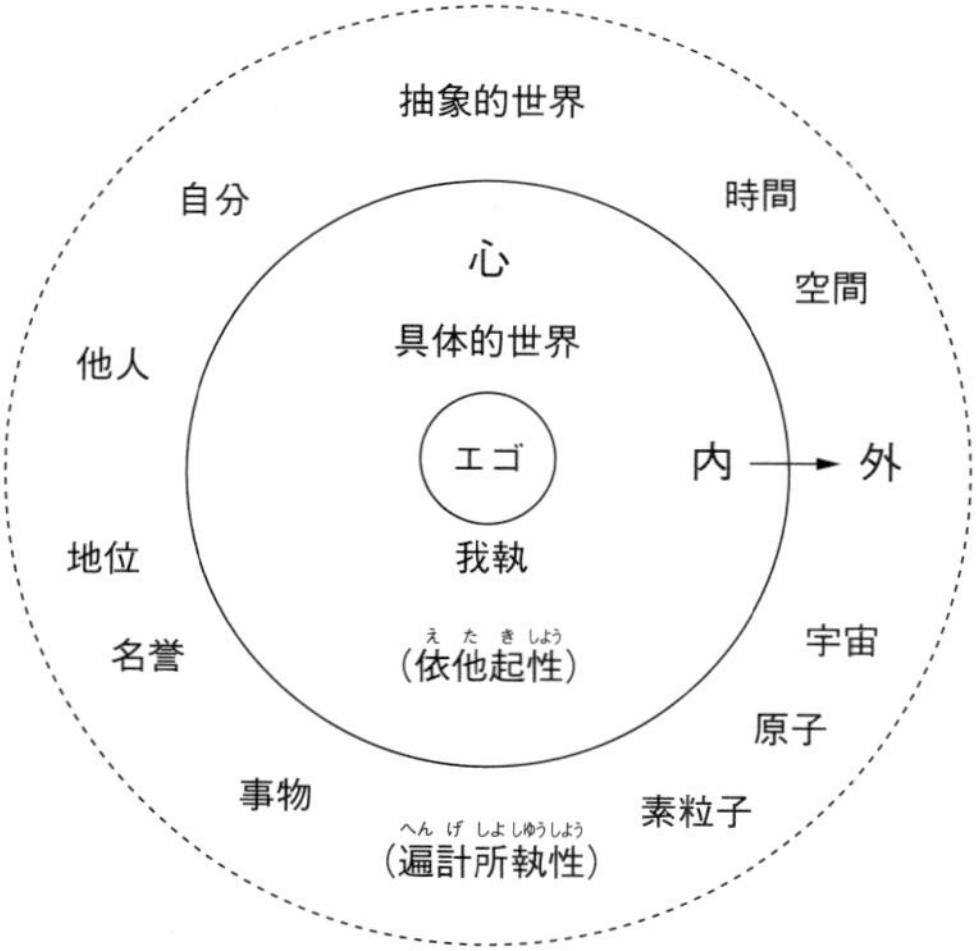

具体的世界とは心の中の世界であり、抽象的世界とは心の外にあると考えられる世界です。世界はこのように二つ考えられますが、このうち後者の世界は実在しない世界ですから、上図で外側に記した「自分」から始まって「時間」に至るまでの「もの」すべては、唯《た》だ言葉によって語られたものにすぎなく、それらの存在は否定されます。もちろん常識で考えるように、それらは「ある」と考えてもよいのですが、しかし、あると考えてそれらに執着するという結果を引き起こすところに問題が生じます。自分に執着し、地位や名誉を追い求め、お金や財産に貪著《とんじゃく》し、そして苦しみ迷い、ときには罪悪までも犯してしまうからです。

唯《た》だ、「他人」の存在についてだけは注意を要します。人人唯識《にんにんゆいしき》ですから他人は存在します。しかし、思いや言葉を付与した他人、例えば「憎い人」という意味での「他人」は心の中にあるだけで外にいるわけではありません。

例えば、ここに鉛筆を見るとします。それを私は、①鉛筆は心の外にあり、②見るがとおりに鉛筆はある、と思っています。しかし、それは明らかに思い込みです。

もちろん、鉛筆と名づける以前のある「もの」が心の外にあるかもしれません。でも、私はその「もの」それ自体を直接じかに見ることはできません。現に私が見ている鉛筆は、私の心の中の影像、観念です。

アルコールを飲んで酔っぱらってみましょう。するとその鉛筆はぼーっとかすみ、ときには変形してしまいます。いや、それは酔っぱらって脳の働きが正常でなくなったからだと反論する人がいるかもしれません。でも正常な脳がつくり出す世界が正しいでしょうか。もともと正常とはなにを基準にしていえるのでしょうか。

たしかに「それは正常である」ということはできます。しかし、それはあくまである範囲内においてのみ、すなわち「人間同士が共に言葉でもって語り合い認め合う世界」という範囲内だけで通用する判断です。問題は例に挙げた鉛筆ではなく、私という「自己」、あなたという「他人」、その自己と他人とを取り巻く「自然」、そしてそれらすべてを包括する「宇宙」とはいったいなにかということです。

ほんとうに、私が認める自己や他人や自然や宇宙はあるのでしょうか。もちろんあるかもしれません。しかし、それはあくまで推測であり、決定的に正しい判断ではありません。まず私が認めるべきことは、現に具体的に認識している自己・他人・自然・宇宙は私の心の中にあるという事実です。

私が沈みゆく太陽を見てあなたに「美しいね」と言い、あなたも「そうね」と答える。しかし、私が私の心の中に浮かべている、いわば私の太陽をあなたは見ることができません し、またその逆もいえます。なぜならすでに幾度も述べたように、私たちはいつも一人一宇宙の中に住み、自分という牢獄に幽閉されており、自分の外に抜け出て他人の世界の中に入り込むことができないからです。

では、なぜ自分の外に抜け出ることができないのでしょうか。答えは簡単です。それは自分にエゴ心があるからです。私、自分、己というエゴ心があるかぎり、私たちは自分の心の中に閉じ込められて外に抜け出ることができないのです。

心は絵師の如し

次にこの一人一宇宙の世界、すなわち心の中をのぞき、どのようなことが行われているかを観察してみましょう。

鏡の前に立つと私の顔が映ります。その鏡像を見て、それは私の顔であり、私はここに立っていると判断します。そして私の顔の鏡像は私の外にある鏡の中にあるから、私の顔の像も私の外にあると考えます。しかしそれは思い違いであって、あくまでその鏡像は私の心の中でつくられ、心の中にある影像なのです。

いま私の顔というものを例にとりましたが、私が認識するいかなる「もの」も、まずは私の心の中に影像としてつくられ、現れたものです。

では、それはどのようにつくり上げられるのでしょうか。鏡の像の例に戻りましょう。

鏡の前に立つ。すると私の意志や意図とは無関係にそこに鏡像が生じます。私の意志と関係ないという点が重要です。私は顔の鏡像を見ざるをえないのです。だから私が見るのではなく、見せられているのです。この見るという一瞬の出来事が生じることに、「私」は全く関与していません。そこには私を超えた力（力というより「理」といったほうが適切かもしれません）が働いているといわざるをえません。その理は、あとで検討することになりますが、**〈縁起《えんぎ》の理《り》〉**です。鏡の前に立つという縁を得て、鏡像とそれを見る視覚とが生じたのです。しかし、鏡像の制作はそれで終わってはいません。絵を描くことに例えれば、そこまでは視覚という「感覚」によるデッサンがなされたのです。そのデッサンされたものに色づけをするもの、それが「思い」です。いまの例でいえば、老いの憂愁感という思いとさらに「言葉」とを付与して、「自分の顔はなんと老けたことか」と嘆きます。老いを感じるのは、その奥に「自分というエゴ心」が存在するからです。

このように、一つの顔というものがつくり出されるためには、自分というエゴ心を背景として、「感覚」と「思い」と「言葉」の三つが共同して働いていることに気づきます。

この「感覚」と「思い」と「言葉」のうち、「感覚」はそれほど個人差はないでしょう。

しかし、「思い」になってきますと、人によってかなりその種類や内容が違ってきます。例えば、春に咲く桜を見て美しくきれいだとめでる人がいる一方、あまりに華やかで心が落ち着かず、梅の花のほうが好きだと思う人もいます。それは、その人の深層の心のありようが異なっているからです。

いまは桜の花の好き・嫌いを例に出しましたが、問題は貪《むさぼ》り、瞋《いか》りなどの煩悩《ぼんのう》[1]という思いで色づけされることです。憎い人、そこに「瞋《しん》」(いかり)という煩悩によって、あるいはこれこれの地位や名誉がほしいというとき、そこには「貪《とん》」(むさぼり)という煩悩によって色が塗られたのです。だからできれば煩悩の心ではなく、その反対の善の心で色づけしたいものですが、なかなかできません。なぜなら、深層の心が濁りに濁っているからです。

次の「言葉」は、絵を描くことに例えれば、最後に筆を入れて絵を完成する働きをします。「それは〜なのだ」と言葉で語った瞬間に、語られたその「もの」は、それがそれとしてはっきりと認識されます。

以上のように、心はいわば絵師の如く、自らの心をキャンバスとして、その上に「感覚」と「思い」と「言葉」との三つの色を用いてさまざまな絵を描いているのです。まさに心が織りなす複雑な世界、それが私が認識する世界です。

八つの識

心の中に「感覚」と「思い」と「言葉」とによって種々の影像が織りなされるといいましたが、これを唯識思想が説く八種の識との関係でもう少し詳しく考えてみます。

八識《はっしき》とは、〈眼識《げんしき》・耳識《にしき》・鼻識《びしき》・舌識《ぜっしき》・身識《しんしき》・意識《いしき》・末那識《まなしき》・阿頼耶識《あらやしき》〉の八つをいいます。このうち眼識から意識までの六識は、部派仏教さらには大乗の般若の空思想までに説かれたものですが、唯識派はヨーガという実践を通して深層に働く二つの心、すなわち末那識と阿頼耶識とを発見し、全部で八つの識を立てるに至りました。

またこの八識は、次の四グループに分けられ、それぞれ別々の働きをします。

①五識（眼識・耳識・鼻識・舌識・身識）——五つの感覚。それぞれ固有の対象を持つ。

②意識——一、五識と共に働いて感覚を明瞭にする。
　二、言葉を用いて概念的に思考する。

③末那識——深層に働く自我執着心。表層の心が常にエゴで汚れている原因となる。

④阿頼耶識——一切を生み出す可能力を有した根本の心。

例えばここで、心の中に「憎い人」という影像ができ上がるまでの過程を、この八識との関係で考えてみましょう。

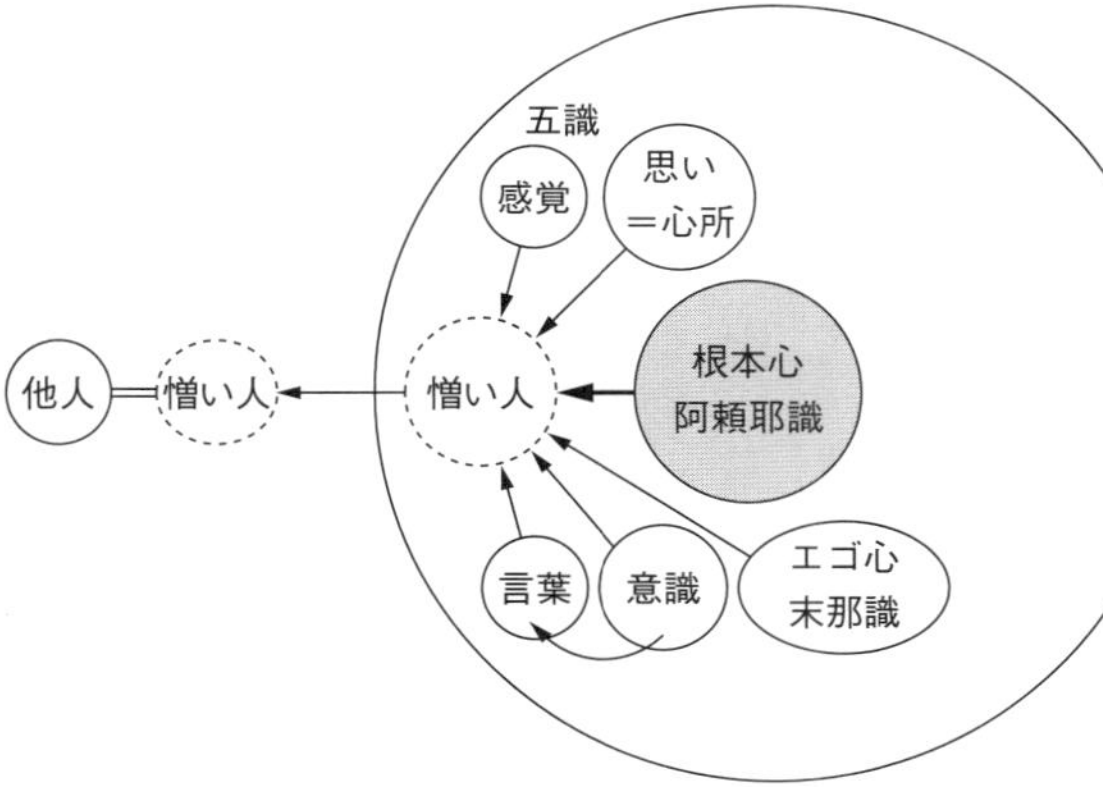

（1）まずある人と出会うとします。するとその人の影像が自分の意志とは関係なく心の中に生じます。そして、それはそれを見ようと思って見るのではなく、見せられたのです。だから、そこには「自分」ではないなにか別の力が働いていることに気づきます。以上が眼識、すなわち視覚が関与した出来事です（デッサン）。

（2）次に憎いという「思い」が生じ、その影像に憎さを付与していわば色づけをします。この憎いという思いは煩悩ですが、これは意識と共に働く細かい心作用です（これを心所《しんじょ》といいます）。このように、憎いという思いが生じるのは、その奥に「自分」にこだわる心があるからです。だから「自分はあの人が憎い」と思うようになるのです。この「自分」を設定するもの、これが深層に働く自我執着心、すなわち末那識です（色づけ）。

（3）そして最後に、「言葉」でもって「〜さんは憎い人だ」と決めつけてしまいます。この言葉を発する心、それが意識です（仕上げ）。

（4）以上、眼識から始まって、意識ないしは末那識、さらには憎いという煩悩、これらすべてを生じるのが根本心、すなわち阿頼耶識です。

以上のように、心の中に起こるさまざまな要因の複雑な共同的働きによって、「憎い人」という存在が心の中に形成されます（前ページの図参照）。

「思い」と「言葉」に負けない心

最近は、政治・経済界の不正事件や若者の安易な殺傷事件などの暗い報道の連続で、もう新聞など読みたくないと思うのは私一人ではないでしょう。なぜこのように世は乱れてしまったのでしょうか。私は、現代の私たち一人ひとりがあまりにも外に心を流散せしめ、お金、名誉、地位、利便と、外へ外へと幸せを追い求めていることにその根本原因があると思います。今ほど、お金でも地位でも名誉でもない「もっと大切なもの」が心の内にあることに目覚め、その獲得を目ざして生き方を変えていくことが私たち一人ひとりに求められている時代はありません。ここでしばらく心の中に帰り、まずは心が起こすビッグバンを考えてみましょう。

この宇宙は百数十億年前にビッグバンを起こして発生し、現在も膨張し続けているという宇宙開闢《かいびゃく》説は周知のことです。これはもちろん自然科学的な真理です。でも、この真理は私にとっては外部からの情報によって与えられたいわば抽象的事実であって、私自身がじかに体験したものではありません。

これに対して、すでに述べましたように、私自身が自らつくり出した自分自身しか認識できないこの私の心の世界は、毎朝ビッグバンによって生じるといえるでしょう。なぜなら、目覚めた瞬間、時空なき深い眠りから一気に、この時間と空間から成り立つ広大な世界が現出するからです。これは私が毎朝経験する具体的事実です。

そして、このようにいわばビッグバン的に生じた世界は、次に「自分」と自分ならざる「他者」とに分かれた世界に変貌し、「きょうはなにをしなければならないのか」と考えたり、「きょうはこれこれをしなければならない、気が重い」などという思いが生じてきます。このように、考える「言葉」と悩む「思い」とによって目覚めた瞬間の「生《なま》の世界」が複雑に色づけされ、加工された二元対立の世界に変貌します。そして、私はその世界の中で一日右往左往しながら生きることになるのです。

私は最近、「思い」と「言葉」に負けない心を養成しようではないかと訴えています。私たちは思いと言葉に翻弄されて、ほんとうの生き方を見失っています。例えば前に例を出しましたが、「あの人は憎い」と思い、そしてそう言いますが、もしも私の心の中に「憎い」という思いと言葉が生じなければ「憎い人」という人は決して存在しません。

その人そのものは、本来は「憎くもなく憎くないこともない」いわば無色の人なのですが、私が私の思いと言葉で憎く色づけしてしまったのです。

このように、私たちが認識する世界は「ある」のではなく「なる」のです。なるというよりも、自分がつくり出してそのように「ならしめる」といったほうがよいかもしれません。だから、ある人を憎くならしめる前に、「すみませんがあなたを憎いと思わせていただきます」と断って、そのうえでその人を憎いと思ってみてはどうでしょうか。

とにかく、世界はもともと無名で無色の世界だったのです。目覚めた瞬間の世界はそうだったのです。それが自他対立の世界に変貌し、あれを考え、これに悩み、ときには怒り争う一日に終始してしまいます。私たちはまさにそのような対立状態の毎日を生きています。そしてひと月、一年が過ぎ、瞬く間に、憎み、悩み、争う一生を終わることになります。それでは人生はなんとむなしいことか。急ぎその泥沼から抜け出そうと決意することが大切です。

では、そこから抜け出すにはどうすればよいのでしょうか。そのためには、まず「彼は豊かだがぼくは貧しい」「あの人は美しいが私は醜い」などという二元対立の世界を乗り越

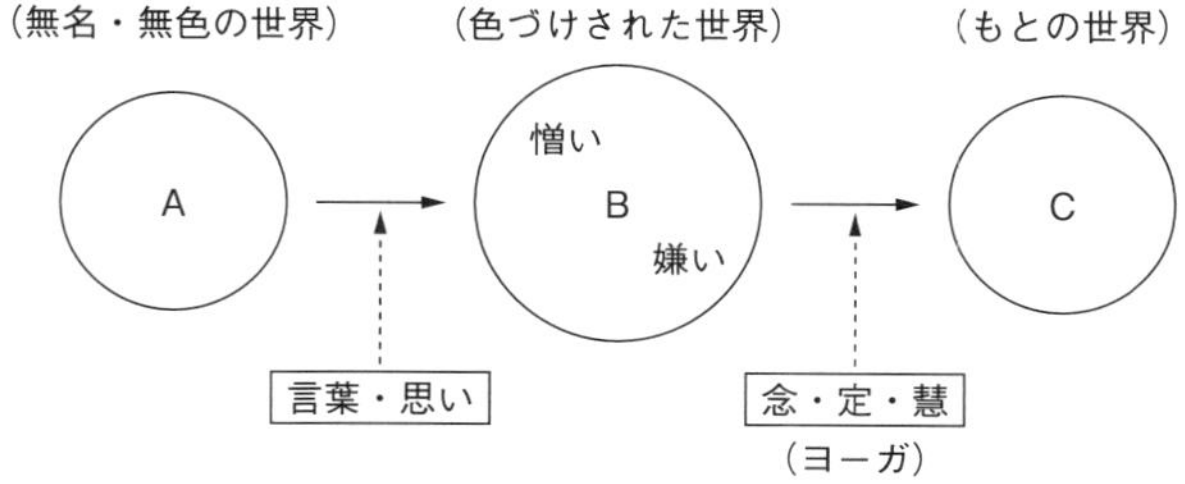

Aは依他起性《えたきしょう》の世界、Bは依他起性と遍計所執性《へんげしょしゅうしょう》とからなる世界、Cは円成実性《えんじょうじつしょう》の世界です。依他起性・遍計所執性・円成実性は三性《さんしょう》といわれ、阿頼耶識説などと並んで唯識説を代表する思想の一つです。これについてはあとで解説します。

え、「思い」と「言葉」とによって加工されない、もとの対立なき「生《なま》の世界」に帰りゆく力を養成すべきです。そしてその力が、唯識思想が強調する、〈念《ねん》・定《じょう》・慧《え》〉と展開する心の働きです。

このうち「念」とは、「明記《みょうき》して忘れざる」(明記不忘《みょうきふもう》)と定義されるように、心の中にある影像なりイメージを明瞭に記憶して、それを消し去ることなくいつまでも思い描き、維持し続ける力のことです。

例えば坐禅を組んで、息が自分か自分が息かとなるほどに息に集中し続けてみましょう。そこに二元対立がなくなった、静まり定まった心が現れてきます。それが「定」の心です。

そして、その「定心」の上に、自己の思いや言葉が消え去った「あるがままにある世界」が映し出されてきます。それが「慧」の心の働きです。

このように、「念」から始まり、「定」「慧」と展開する心を、繰り返し繰り返し起こすことによって錬磨してみると、これまで気づかなかったある「すばらしいもの」を自らの心の中に獲得することができます。お金や地位や名誉は外から得たものです。それがなんなのでしょうか。「内にある大切なもの」、自己の心の奥深い領域にあるもっと大切なかけがえのないものを獲得するほうが、私たちにとってどれだけ必要なことでしょうか。

そして、その「大切なもの」を獲得する方法・実践が、「念」から始まり「定」「慧」と展開するヨーガ（瑜伽《ゆが》）なのです（前ページの図参照）。

唯識思想は、インドにおいて紀元後三世紀ごろに打ち出された古い思想です。しかしそれは（これから徐々に説明していきますが）、科学性と哲学性と宗教性の三面を兼ね備えた、世界でもまれな思想です。だからこそ、まさに物質文明の頂点に達しようとする二十一世紀の世界の諸問題を解決するのに役立つ、古くて新しい普遍的思想なのです。

さあ、まずは己の心の秘密を解明し、内にある大切なものの獲得を目ざして、これからいっしょに唯識思想を学んでまいりましょう。

（1）　煩悩《ぼんのう》とは定義して、「内心を擾《じょう》濁《じょく》し外の転識《てんじき》を恒《つね》に雑染《ぞうぜん》に成らしむ。有情《うじょう》は此《これ》に由《より》て生死《しょうじ》に輪廻《りんね》して出離《しゅつり》すること能《あた》わず。故に煩悩と名《なづ》く」（『成唯識論』巻四）と説かれます。また、煩悩には「発業《ほつごう》」と「潤《にん》生《じょう》」との二つの働きがあります。「発業」とは、相手に暴言を吐いたり暴力を振るう行為を起こす働きをいい、「潤生」とは、阿頼耶識《あらやしき》の中にある煩悩の種子《しゅうじ》を潤し、育成して再び煩悩の芽を生じさせる働きをいいます。

第二章　心が迷う

「自分」と「もの」への執着に苦は生じる

私たちにはさまざまな苦があります。生きていることの苦、それは自分と他者との対立から生まれる苦です。「あの人は憎い」と思う。そこに自分とあの人とが対立し、相手も自分も苦しむという結果が生じます。また老いの苦、病気の苦、そして最後に死の苦が待ち受けています。以上をまとめると生苦《しょうく》・老苦《ろうく》・病苦《びょうく》・死苦《しく》の四苦《しく》ですが、これに愛別離苦《あいべつりく》（愛する者とも別れなければならない苦しみ）・怨憎会苦《おんぞうえく》（会いたくない人とも会わざるをえない苦しみ）・求不得苦《ぐふとつく》（ほしいものが得られない苦しみ）・五陰《ごおん》（蘊《うん》）盛苦《じょうく》（身心の苦悩）の四つを加えて八苦《はつく》となります。なにか困難なことをするとき、「しくはっくする」といいますが、これはこの仏教用語に由来します。

ところで、私たちはなぜこのように苦しむのでしょうか。それにはさまざまな原因があるのでしょうが、すべての苦に通じることは、そこに「自分」と「もの」とが設定されているということです。

例えば死苦を考えてみましょう。死にゆくことが恐ろしく苦しいと思うとき、そこには当然死にゆく「自分」という存在が設定されています。「自分はこの世から消え去っていく」と思って悲しむ。あるいは、「自分は死んだら地獄に堕ちるのではないか」と不安がる。しかし、もしも（これはなかなか難しいことですが）自分という意識が全くなかったら、例えば末期癌で「余命いくばくもありませんよ」と宣告されても、「ああ、そう」と平然と聞き流すことができるでしょう。

もう一つの、「もの」への執着から苦が生じるということを考えてみましょう。いま「もの」と和語で表現しましたが、この語には、財物などの物質的なものから、肉体、さらには愛する、憎むなどという心の働き、そして地位や名誉といったものまでをも含むことにします。私たちは、このような「もの」を設定してそれに執着するから苦しむことになるのです。そのいちばんよい例が、「求めても得られない苦」、すなわち求不得苦《ぐふとつく》です。お金が欲しい、立派な家に住みたい、あるいは部長になりたい、出世をしたいと願う。しかし、その願いや思いが遂げられないとき、そこに苦しみが生じます。

さあ、そのような「もの」は、はたしてあるのでしょうか。これに関して唯識思想ははっきりと、〈唯識無境《ゆいしきむきょう》〉であると一刀両断します。境とは「もの」のことです。すなわち、唯《た》だ識があるだけであり、境はない。つまり外界に「もの」はないと主張するのです。「自分」が存在しないことはすでに証明しました（第一章参照）。また、「もの」も心の中にしか存在しないということも述べましたが、ここでこのことについてもう少し詳しく検討してみましょう。

言葉どおりに「もの」は存在するか

私たちにはさまざまな欲望があります。もちろんそれがなければ生きていけません。あれがしたい、これがほしいと思うから生きる勇気もわいてきます。しかし、欲望が昂《こう》じてそれが執着に変わると、そこに苦しみが生じてきます。苦しみだけではありません。ときにはそれは罪悪をも招くことになります。

私たちには物欲・性欲・名誉欲があります。すばらしい家に住みたい。そのためにはお金がほしいともがきます。あの人が好きでたまらないと苦しみ悩みます。早く部長になりたいとより高い地位にあこがれます。

いずれも家、金、男女、部長などと言葉で語るわけですから、少し難しく表現すると、それらが「実体」として存在すると考えているのです。考えるだけならばよいのですが、そのように考えて「もの」に執着してしまうところに問題が生じます。

ところで、「もの」はほんとうに言葉どおりにあるのでしょうか。しばらくこのことを心の内に住して静かに考えてみましょう。

わかりやすくするために、「もの」が形成される過程を次ページの図に示します。

例えばここに「お金がある」と判断します。その判断をさらに詳しく検討すると、「お金は

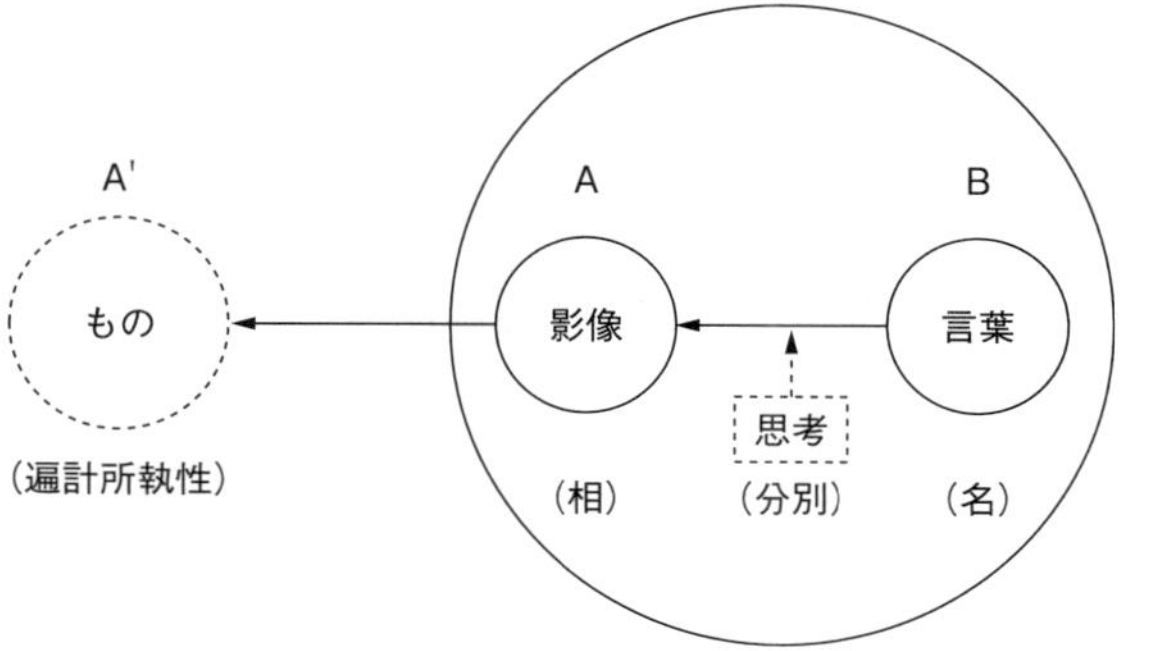

心の中に生じている影像を「相」、言葉を「名《みょう》」といい、言葉で影像を思考することを「分別《ふんべつ》」といいます。私たちのいわば迷いの世界はこの相・名・分別の三つから構成され、名でもって相を分別するとき、心の中にある相が外界に投げ出され（＝外界にあるものと思い間違われ）、さらにそれに執着してしまいます。そのように言葉でもってとらえられ執着されたもの、それを「遍計所執性《へんげしょしゅうしょう》」といいます。

自分とは別のもので、自分の外に実体としてある」と言葉で考えています。しかし、ものごとはそのように言葉で考えたとおりにあるのでしょうか。単純にそのように考えて間違いはないのでしょうか。

もちろん外界にはなにかがあるのかもしれません。でも、自分にとって確かなものとしてあるのは図でいえばAという影像です。それはもともと「それ」とも「A」とも名づけられないものです。あえていうならば、「唯《た》だそれそのもの」です。もともとそれは名前がないものなのです。言葉では語りえないものなのです。「唯《た》だ……」

です。

ところで、そのAに対してそれはなんだと追求し、そして「お金」という言葉を付与して考えたとたんに、それは「お金」となり、自分の心の外にある「お金」という「もの」に変造されてしまいます。すなわち、お金という言葉に対応する実体があると考えられたのです。

ところが、言葉Bと影像Aとは全く違うものです。その全く異なる二つのものが結合関係に入ったとたんに、外界にA'という「もの」があると考えられてしまうのです。もちろんそれはそれでよいのです。なぜなら、さまざまなものを設定しなければ私たちは生きていけないからです。料理をするにも、そこに大根とかネギとかいう野菜があり、豆腐があり、みそがあって、そしてそれらを煮るお鍋があってみそ汁ができ上がるのです。しかし、問題はそれらの「もの」に執着してしまうことです。ほんとうにあるかないかわからない不確実な「もの」に惑わされてしまうのです。何日も砂漠をさまよい、のどの渇きをいやそうと、水、水と求め続ける人のように、金、金、金、地位、地位、地位と渇愛《かつあい》し続けるのが私たちです。

いったい「なに」があるのでしょうか。自分の心の内に立ち返って、生《なま》の存在に、名前なき無名の存在にしばらく静かに成り切って観察してみましょう。言葉を忘れて、心の内のAに成り切ってみましょう。また、お金、お金と言い続けて、その言葉に成り切ってみましょう。ただあるのはAであり、Bであります。否、このときには「ある」ということもありません。いったいなにがあるのか。自らの心の中を探る時間をなるべく多く持つとき、世界は徐々に変わってきます。

以上、一つは「自分」への執着、もう一つは「もの」への執着の二つが苦の原因であることをみてきましたが、この二つの執着を、〈**我執**《がしゅう》**・法執**《ほっしゅう》〉といいます。ではこの「我執」と「法執」は、またなにを原因とするのでしょうか。以下、苦の根本原因を探ってみましょう。

無知（無明）こそ苦の根本原因

釈尊がシャカ族の王子としての地位を捨ててまでも出家されたのは、なぜ人間は生まれ、老い、死んでいくのか、その原因を追求し、苦の解決法を見いだすためでした。そして六年間の修行の末、なぜ生まれ、老い、死ぬという苦が生じるのか、その原因を発見され、その因果の鎖をまとめ上げました。それが「十二支《じゅうにし》縁起《えんぎ》」と呼ばれる思想です。

生・老・死という苦はなぜ生じるのか。因果の鎖をさかのぼっていくと、有《う》があり取《しゅ》があり、途中に「愛」があります。これは「渇愛」ともいわれ、砂漠で幾日も水がないため、のどが渇き、もうのどから手が出るほどに水をほしがる、そのような欲望をいいます。この「渇愛」からさらにさかのぼっていくと、最後に無明《むみょう》、すなわち無知《むち》という根本原因に突きあたります。この「無明」こそが、生・老・死の、広くいえば四苦八苦のすべての苦を生み出す根本原因です。前に、すべての苦は執着から生じると言いました。

無明↓行↓識↓名色↓六処↓触↓受↓愛↓取↓有↓生↓老死

執着は苦が生じる途中の契機であり、根本的原因は無明であります。ここでわかりやすく、無明という根源から苦が生じるまでの過程を図示してみましょう。

無明
↓「自分」を設定↓自分に執着（我執）↓煩悩障↓苦
↓「もの」を設定↓ものに執着（法執）↓所知障↓苦

煩悩障《ぼんのうしょう》・所知障《しょちしょう》という語が初めて出ました。このうち、「煩悩障」とは自分があると考え、その自分が主体となって起こす貪《むさぼ》り・怒りなどの心、すなわち煩悩という障《さわ》りです。「所知障」とは所知、すなわち知るべきものを妨げる障りです。この二つの障りを説明する前に、まず、この二障と苦が生じる根本原因、すなわち無明について考えてみましょう。

私たちは、とうとう物質文明が最高度に達しようとする二十一世紀を迎えました。そして、膨大な量の知識や情報を獲得しました。生命をつくり維持する、遺伝子の構造がますます解明されてきました。いずれ人類は、自らの手で生命を創造する日を迎えるでしょう。また、百数十億光年先の宇宙の影像を手に入れることができました。ビッグバン直後の宇宙の姿を解明できる日も遠くはないでしょう。

このように「もの」に関するあふれんばかりの知識を獲得したものの、私たちは、いちばん身近な「自分」というものについてはなに一つ知りません。知っていると思われた「自分」は、実は存在しないということはすでに幾度か確認してきました。ところで、たとえ自分というものが存在するにしても、その自分は決して認識できないことを、以下しばらく論証してみましょう。

例えば指はこれだ、あれだとほかのものを指さすことはできますが、指自身をさすことはできません。これと同じく、私たちは見つつある自分を決して見ることはできません。これこそ自分だと考えても、そのように考える〝自分〟を認識することはできません。広くいって、見聞覚知《けんもんかくち》しつつある自分を見聞覚知することはできないのです。なぜなら、少し難しい表現をすれば、主観は決して客観になることはありえないからです。

もう一つほかの角度から自分について考えてみましょう。

過去は過ぎ去りました。未来はいまだ来ていません。現にあるのは、現在という一瞬だけです。だから、もしも自分というものがあるにしても、真に存在するのは、現在の一瞬の〝自分〟です。ところで、現在の一瞬には幅がありません。だからそのような一瞬にある〝自分〟を把握することはできません。たとえできるとしても、それは容易なことではありません。このように、〝自分〟というものをとらえることはふつうの心のありようでは決してできないことが判明しました。結局〝自分〟についてなにも知っていないのです。

自分だけではありません。他人についても、自然や宇宙についても、私たちはなに一つ知っていません。たしかに心の中にあり、エゴ心によっていわばデッサン、色づけ、加工された「もの」については知っています。でもその「もの」自体についてはなにも知っていないと認めざるをえません。このようになにも知っていないという心のありようを、〈無明《むみょう》〉といいます。そして本質的なものをなに一つ知っていないからこそ、すなわち無明という根本煩悩を持っているからこそ、安易に「自分」と「もの」とを設定し、それらに執着し、前者の「自分」への執着、すなわち我執から煩悩障が生じ、後者の「もの」への執着から所知障が生じ、そして最終的に苦しむ結果となるのです。

次にこの二つの障について考えてみましょう。

煩悩障

私は最近、電車の中で座ることができたら、前に立っている人に心の中で「ありがとうございます」と感謝しようではないかと提案しています。なぜなら、その人が立ってくれているから、そのおかげで私は座ることができているのです。それは一つの事実です。もちろん私のほうが早く乗り、その人は後から乗ってきて、もう席が空いていなかったというのも事実です。前者も事実、後者も事実です。でも、両者の事実認識の違いはなんなのでしょうか。それは一つのありようをどのように見るか、その見方が相違しているのです。

まず後者の場合は、自分と前に立っている人との両者を関係的に見るのではなく、ただ「自分は座れてよかった」と思って座っているのです。そこには、無意識であるにしてもエゴ心が働いています。これに対して前者の場合は、相手が立ち、自分は座っているという現象の背後にあるいわば法則、すなわち「理」にまで目を凝らし、その人と自分とを関係的に見て、「あなたに立っていただいているから私は座ることができました」という事実に気づいたのです。このように、洞察力を増して事実を事実として見てみましょう。すると、エゴ心に色づけされた視覚だけではない、別の「ものの見方」が可能となります。

ほんとうに私たちは、「自分が生きている」のではなく「生かされている」のです。両親の精子と卵子との合体によってこの世に生み出され、そしていまこうして六十兆の細胞からなるこの肉体によって生かされています。

また、この大地、地球、太陽と目を広げて見てみましょう。それらのおかげで、いや、それらだけではありません。宇宙の果てまでもの全存在によって、いま一瞬の自分は生かされているのです。ほんとうにこれも事実です。でも、日ごろはなぜかこのような簡単な事実、すなわち「理」に気づきません。それは、私たちの目が、そして心がエゴ心、すなわち我執《がしゅう》によって濁っているからです。そのような濁った心、汚れた心を煩悩《ぼんのう》といい、それが心の障害、あるいはヴェールであることから、それを、〈煩悩障《ぼんのうしょう》〉といいます。ほんとうに私たちは、ない「自分」をあると思い、その自分に執着して苦しみ悩んでいます。自分が苦しむだけならいいのですが、他人までも苦しめてしまいます。例えば、他人から侮辱されたり非難されたりすると、私たちは怒ります。その怒りは自分の心にいやな気持ちを植えつけるため自分も苦しみますが、同時に暴言を吐いたり、ときには殴るなどの暴力となって相手を苦しめることになります。

そのような他人や自分をも苦しめるエゴ心（我執）をしばらくなくして、ものごとを観察してみましょう。そこに別の世界が見えてきます。そして「他者があって自己がある」という「理」に気づきます。この「理」を仏教では、〈縁起《えんぎ》の理《り》〉と呼びます。縁起とは、「AあればBあり、AなければBなし」という理です。この「縁起の理」は、まさに科学的法則ともいえる理であり、物理・心理・倫理などのほかのすべての理を包括するいちばん深いところにある理であるといえるでしょう。

例えば倫理は、人間は人を愛し、人を敬い、人に感謝しなければならない、といいます。そして、なぜならばと理由づけをするとき、そこに信念や信仰といった複雑なものが関係します。

てきます。しかし、「AあればBあり、AなければBなし」という理に則して、静かに科学的な目で事実を事実として見ていくと、人を敬い、人に感謝する気持ちが自然にわいてきます。

もう一度先ほどの話に戻りますが、満員の電車に乗って座ったとします。そんなとき、前で立っている人に「ありがとう」と声を出さないにしても、心の中で感謝しましょう。なぜなら、あなたが立っているから（Aがあるから）私が座らせていただいている（Bがある）のですから。また、この理に気づけば、人を憎むことによって生じる苦しみをなくす方法が見いだせます。「憎い気持ちがあるから憎い人がいる。もしも憎い気持ちがなければ憎い人はいない」という理に気づき、「よし、憎い気持ちをなくそう」という気になってきます。

このように縁起の理にしたがってものごとを関係的にとらえていくとき、私たちの生き方は大きく変わってきます。

しかし、ふつう私たちはものごとを実体的にとらえ、自分は自分、他人は他人であると自他を区別して、自分が先に席を取ったのだから座るのは当然である、と居座ってしまいます。そうではなくて、すべては関係なんだと考えていくならば、信念や信仰、さらには外から与えられる論理などなくても、正しく生きていくことができます。

実体概念ではなく、関係概念でものごとを観察しましょう。すると、私たちは今よりもっと自由に、柔らかく人々の中で生きていくことができます。

最近の日本人の振る舞いには、目を覆いたくなるものが数多くあります。路上にはタバコの吸い殻を無造作に捨てる。唾は吐く。電車の中では大きく股《また》を広げて座り、大声で携帯電話で話す。もう枚挙にいとまがないほどです。以前、外国人も目をみはったあの日本人の礼儀正しさ、柔和さ、謙虚さ、立ち居振る舞いの美しさはどこにいったのでしょうか。

このようになった原因として、例えば、GDP（国内総生産）だけが豊かさの尺度とみる戦後の価値観、大学入試を目的とした偏差値重視の教育、家庭内でのしつけの欠如など、そのほかにもいろいろと挙げることができるでしょう。でも、これらはあくまで「縁」（第二次的な原因）で、「因」（第一次的な原因）とはなにかを問題とすべきです。

では、根本原因とはなんなのでしょうか。それは、一方的に情報として与えられた、そしてあまりにも過度な、ときには間違った自由主義、個人尊重主義、個人的人格の強調に翻弄されて、一人ひとりの人間が「自分とはいったいなにか」という問いかけを忘れてしまったことにあると私は確信します。科学の「いったいなにか」の追求は、二十世紀において「一般相対性原理」と「量子論」とを発見しました。また、遺伝子の研究が進み、DNAの全解読も間近でしょう。しかし、自分とはなにか、他人とはなにか、この己という具体的ないのちとはなにか、という、生きるうえにおいていちばん大切な問題がなおざりにされてきたのです。

いまこそ、一人ひとりが、廻光返照《えこうへんしょう》し、この〝自分〟という具体的ないのちに、一人一宇宙の世界の中に意識のスポットをあてる、そのような生き方や生活、教育が求められている時代だと思います。そうすることによって、かたくなにあると思っていた「自己」が融解し、「縁起の理」が明らかとなり、どのように知り、どのように生きていくかがわかってくるものと私は確信しています。以上の二つのものの見方をまとめてみましょう。

（A）他人と自分とは別々のものである。両者は「実体」として存在する（エゴ心を中心として実体的に見る）。

（B）両者はただ「関係」的に存在するにすぎない（エゴ心をなくし縁起の理に則して関係的に見る）。

真如の理

ところで、心の中には煩悩障だけではなく、もう一つのヴェール、すなわち、〈所知障《しょちしょう》〉があり、これによって、〈真如の理《しんにょのり》〉を観ることができなくなっています。ここでしばらく「所知障」と「真如」について考えてみましょう。

私たちは、ほんとうにいろいろな「もの」に執着しています。この若い自分の肉体は、できればいつまでも若くあってほしいと思う。この自分の心はなんと弱いかと悩む。自分のこの肉体と心とは、死んだら無になるのかと死を恐れる。肉体や心に対してだけではありません。お金を貯めたい、あれやこれがほしい、地位や名誉を得たいと思う。このように、もう数え切れないほどにある「もの」への執着をまとめて「法執《ほっしゅう》」といいます。そして、この「法執」から「所知障」が生じるのです。

所知障とは「所知」、すなわち「知られるべきもの」を知ることを妨げている障害です。「もの」への執着がいわばヴェールとなって心を覆い、「知られるべきもの」が見えなくなっているのです。例えば、雲という障害によって、その背後にある満月が見えなくなっているようなものです。しかし、雲が風で吹き払われたとき、皓々《こうこう》と輝く満月が現れてくるように、心の中からヴェールが除かれるとき、そこに「知られるべきもの」、すなわち「所知」が現れてきます。

明鏡止水《めいきょうしすい》という言葉があります。表面がよく磨かれ、塵《ちり》一つない鏡には、ものがあるがままに映し出されます。桶の水の表面が波立つことなく静まっていれば、そこに満月がそっくりそのまま映ります。このように乱れた心（散心《さんしん》）が止水の如くに定まり静まった心（定《じょう》心《しん》）になったとき、換言すれば煩悩障と所知障という二つの障り、そして後述する相縛《そうばく》と麁《そ》重縛《じゅうばく》という二つの束縛が完全になくなって、心全体がいわば清　浄《しょうじょう》で丸い大きな円鏡の如くになったとき、その中に存在そのものがありのままに、その如くに現れてきます。この静まり返り、完全に清浄になった心を、〈菩提《ぼだい》〉といい、その中に現れた「その如くにあるもの」を、〈真如《しんにょ》〉といいます。真如の原語は「タタター」(tathatā) ですが、これは、その如くにという接続詞「タター」(tathā) に抽象名詞をつくる接尾語 tā を付してつくられた語で、「如」、あるいは「如如」とも訳されるように、「その如くであること」、あるいは「その如くであるもの」という意味です。それを真如と漢訳し、さらに詳しく「真実にして如常なもの」と定義します。いまこの定義に基づいて考えてみましょう。

私たちは生きるうえで、なにかに頼り、なにかを依りどころとして生きていかざるをえません。子どものときは親を、結婚すれば連れ合いを、社会に出れば上司や同僚を、あるいは地位や名誉を依りどころとして生きていきます。しかし、はたしてこれらのうちで確かなるものがあるでしょうか。親、夫婦、ないし同僚とはいずれは別れることになりますし、会社を辞めれば社長の肩書きはその日からなくなってしまいます。では私たちはなにを依るべきものとすべきでしょうか。これに対して唯識思想は、それは真実にして常なる真如であると強調するのです。

以上、縁起という理と、真如という理について述べてきましたが、この二つの理を悟り、その理に則して生きていくことが重要であると唯識思想は説くのです。では、どのようにすればこの理を悟ることができるのか、その過程をまとめると次のようになります。

心
「自分」への執着をなくす——→縁起の理が見えてくる
「もの」への執着をなくす——→真如の理が見えてくる

たしかに、「自分」への執着、すなわち我執がなくなればなくなるほど縁起の理が見えてきます。そして、他によって生かされているという事実に気づき、そこに感謝の気持ちが起こってきます。

私たち凡夫《ぼんぶ》には、真如の理を悟ることは容易ではありません。しかし、少なくとも縁起の理だけでも、心の中にますますはっきりとするように努力したいものです。「実体はなく関係だけがあるのみ」と言い聞かせながら、人々の中で生きるとき、自他の対立、抗争が少しずつ薄れていくでしょう。家庭内の親子の対立から、学校におけるいじめや暴力、会社での人間関係の対立、さらに世界に目を向ければ、民族紛争、宗教間の対立などすべては、自分と他人とを実体視するところに根本原因があります。いまこそその誤りを正すべく、科学的法則ともいえる縁起の理に則した人間の生き方を世界に向けて宣揚する時代であると私は強く感じています。

相縛と麁重縛

最近、若者の無差別な殺傷事件が相次いでいます。一人の若者がそのような事件を起こすには種々の原因があることでしょうが、直接の原因は彼らの深層にいわばストレスがたまりにたまり、それがある日突然に爆発したといえるでしょう。

若者だけではありません。私たちの中で、心の底から爽快な気分で、自由に楽しく思うとおりに生きている人は幾人いることでしょうか。たとえ年をとって体力や肌が衰えても、気力を失わず、ますます明るい容貌で生きたいと思うのに、現実はその逆という人がほとんどです。それはなぜでしょうか。これに対して唯識派は、〈相縛《そうばく》・麁重縛《そじゅうばく》〉という概念を用いてそのメカニズムを説明することに成功しました。

最初の「相縛」は表層心の束縛です。相とは、心がそれに縛られて自由でなくなる心の中に生じた影像や観念です。あの殺傷事件を起こす若者の心は、思いや観念の渦巻く荒波の如きものでしょう。その原因は、ものと情報が氾濫する現代社会であるとだれもが認めることでしょう。幼児のときからのテレビの影響、受験勉強中心主義の管理された学校教育、大人社会の風紀の乱れなどからインプットされた情報が整理されずに深層にそのまま植えつけられ、やかんの中の沸騰するお湯の如くに煮えたぎり、とうとうある日噴き出してしまったのです。

また、街角にはものが氾濫しています。デパートに行くと、さまざまな魅惑的な商品が目の前に並べられているのを見て、あれもこれも買いたいと心が浮き立ち騒ぎます。そして便利、快適が幸福の代名詞になってしまいました。

このように、情報とものとがいわば魔物となって心の中で踊り跳ねているところに問題があるのですが、「相縛」とはまさにそのようなありようをまとめて表現したものです。

また、時代を超えた思いや観念も束縛の対象になります。その代表が「死」という観念です。「自分は死ぬのだ」と思わない人はいないでしょう。私は最近、釈尊が菩提樹下《ぼだいじゅげ》で悟ったときに語られた、「不生《ふしょう》不老不死の世界に触れた」という言明を信じるようになりました。そして、そのことを、「他人の死」と「自分の死」とは全く次元の違う出来事であるという観点から論理を展開し、自分は死なないのだという結論に達しました。そして、「よし、そのような世界に私自身も触れてみるぞ」という強い意志が起こってきました。

とはいえいまだ迷える凡夫、しかも人生の坂道を下りはじめた私は、いつも死という観念から逃れることができません。そこに「死ぬのは恐い」という「思い」と、「死」という「言葉」が生じます。この思い（情緒表象）と言葉（言語表象）とを「相」といい、その相に心がつなぎ留められ、束縛されるから「相縛」というのです。ときには死んだ人の姿（感覚表象）が記憶となって心の中に生じてくることもあるでしょう。このように考えてくると、表象（英語の idea、ドイツ語の Vorstellung の訳。観念ともいう）という語を用いれば、相としては「感覚表象」と「情緒表象」と「言語表象」とがあることになりますが、具体的にはこの三種の表象の複雑な混合体が心の中に生じては消え、消えては生じているのです。目覚めている限り、一日中あれを思いこれを考え、過去を悔い未来を憂い、人を憎み愛しています。まさに心は荒波の海の如きです。なかには心が地獄となった人もいることでしょう。地獄は来世ではなく現世にあります。次の地獄・極楽の定義に注目しましょう。

地獄とは自と他とが対立した世界。極楽とは自と他とが一如《いちにょ》になった世界。なんとわかりやすい定義ではないでしょうか。ほんとうに私たちは、「自分」と「他者」という相を心の中に分別してつくり上げ、この両者の対立、闘いに明け暮れる毎日を送っています。

ところで、この表層の相縛の世界はそのままでは終わりません。前述したように、インプットされた情報が未整理のまま深層心にしまわれてしまいます。また、ある人を憎むと心が重くふさがります。そして、再びその人に出会うと、前にも増して憎い思いが強く生じてくることもあります。それは、「憎む」という表層の心が深層心にその影響を植えつけていたからです。憎む心だけではありません。「自分」と「もの」とに執着して起こす汚れた行為が刹那《せつな》刹那《せつな》に阿頼耶識《あらやしき》に種子《しゅうじ》を植えつけ、阿頼耶識をますます汚く重くしていきます。唯識派はそのような深層心のありようを「麁重縛《そじゅうばく》」と命名しました。

麁重とは字からすると「麁《あら》く重い」という意味ですが、少し理解し難い言葉です。そこでその反対の心が「軽安《きょうあん》」、すなわち「軽く安らか」ということから逆に考えてみると、麁重とは心が重く活動性がなく、安穏で爽快ではない状態ということになります。心が思ったとおりに自由に活動でき、常に爽快であることが理想でありますが、現実はその反対で、思ったことを直ちに行動に移すことができません。

例えば、お年寄りが重い荷物を持って歩いているとします。そんなとき手を貸してあげたいと思っても、周囲を気にして恥ずかしいと尻込みしてしまいがちなのが私たちです。また、毎朝心の底から爽快な気分で目を覚ます人が幾人いることでしょうか。このように、自由に活動できず爽快でない原因を、唯識思想は阿頼耶識の麁重縛に求めるのです。ほんとうに情報やものが過度にあふれる世界、複雑な人間関係の社会に生きる現代人は、一日生きればそれだけストレスがたまり、心が汚されて重くなり、生きていくのがつらくなります。さあ、このような状態から抜け出るにはどうすればよいのでしょうか。

そのためには、まず次ページの図に目を向け、そして、表層心と深層心とは相互因果関係にあり、「相縛」と「麁重縛」との二つの束縛によって心が表層的にも深層的にも束縛され、自由で爽快でありえないメカニズム、すなわち、〈阿頼耶識縁起《あらやしきえんぎ》〉を理解し、この阿頼耶識縁起の理に則して、まずは表層心の相縛からの解脱《げだつ》を目ざす以外に方法はありません。

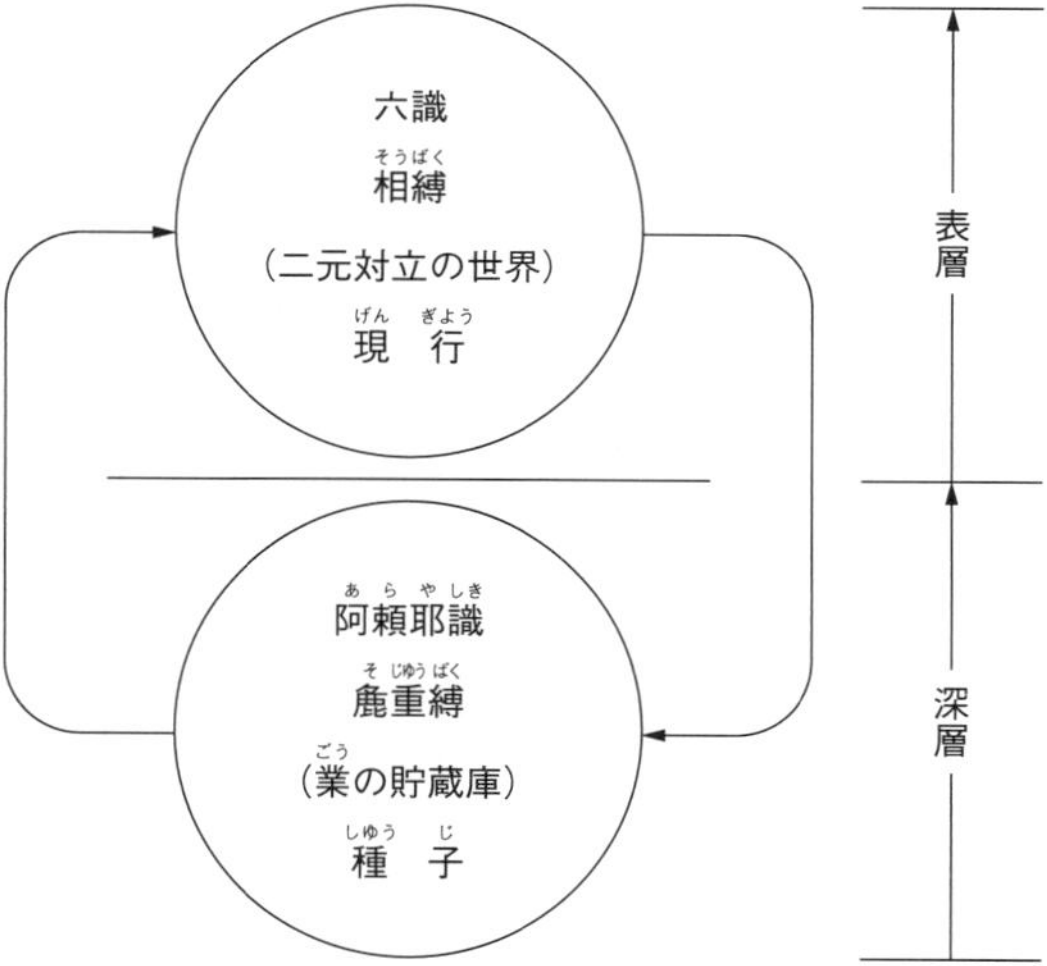

表層心は、眼識《げんしき》・耳識《にしき》・鼻識《びしき》・舌識《ぜつしき》・身識《しんしき》・意識《いしき》の六識から成り立っています。それをまとめて「現行《げんぎょう》」といい、これに対して現行によって深層心の阿頼耶識に植えつけられたものを、「種子《しゅうじ》」といい、現行が種子を植えつける、すなわち熏習《くんじゅう》することを「現行熏種子《げんぎょうくんしゅうじ》」、種子から再び現行が生じることを「種子生現行《しゅうじしょうげんぎょう》」といいます。また、この熏習された種子が阿頼耶識の中では刹那刹那《せつなせつな》に生じては滅していますが、これを「種子生種子《しゅうじしょうしゅうじ》」といいます。私たちの心はこのように、「現行熏種子」→「種子生種子」→「種子生現行」という循環運動を繰り返していると見るのが阿頼耶識縁起説です。

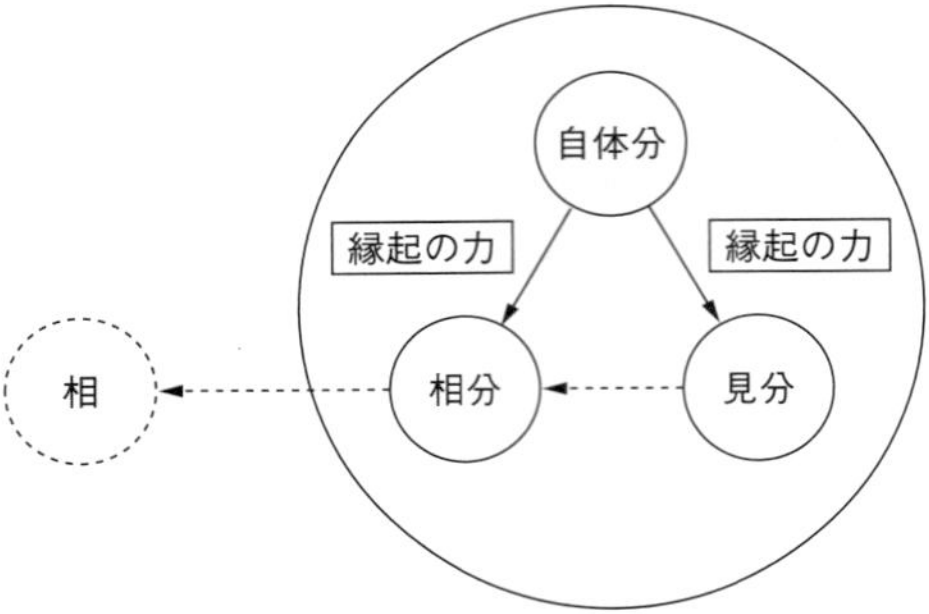

二分化する以前の心を「自体分」といい、これが二つに分かれることを『成唯識論《じょうゆいしきろん》』には「自体転じて二分に似る」と説かれています。相分・見分に似るという点が重要です。例えばダイヤモンドがあるといいますが、それはダイヤモンドに似た心、つまり相分があるだけと唯識思想は主張します。ダイヤモンドは実在するのでしょうか。

さまざまな相（インプットされた情報、お金や品物、さらには地位や名誉、愛や憎といった思い、そして死という観念など）への束縛を断ち切った、清らかで分別なき心で生きていくことが要請されます。これを「無分別《むふんべつ》智《ち》の火を燃やしながら生きる」と呼んでおきましょう。これについては後に詳しく述べる予定です。

相分と見分

ところで、これまで相縛をいわゆる外からの影響によって生じるように説明してきましたが、実は心そのもののありように根源的な原因があるのです。朝、目を覚ます。そしてあれこれと考える。それは、心が自分の意志とは無関係に、「相を帯びた部分」とそれを「見る部分」とに分かれてしまっているからです。つまり、外界にあると思っていたお金、品物ないし死などのさまざまな相は、実は心の中の「相を帯びた部分」にすぎないのです。このように、心が「相を帯びた心」と「見る心」とに分かれ、後者が前者を見ているにすぎないのです。この心の二つの部分を、唯識派は、〈相分《そうぶん》と見分《けんぶん》〉と表現しました。前ページの図を見てください。目覚めた瞬間から、自分の関係しない力で心は相分と見分とに分かれてしまいます。この自分を超えた力が「縁起の理」という力です。

このように、あれこれと考える以前に、心そのものがそのようになる素地をつくっているという事実を、心の中で静かに観察することが大切です。そしてそのうえで、情報、お金、商品ないし死とはなにかと、それらの相に追求の念を向けていくことが次の肝要事です。

このことを、いったいなにかという問いを忘れ、情報とものとに翻弄されて生きる現代人に、特に強く訴えたいと思います。

第三章　意識の働き

心という湖の底を観る

摩周湖《ましゅうこ》の透明度はほかに類をみないといわれています。表面が波立たず、水が澄んでいるから湖底深く見ることができるのでしょう。それと同じく、私たちの心も表層が静まり澄んでくると、心の底深く観ることができます。唯識派の人々が末那識《まなしき》・阿頼耶識《あらやしき》という二つの深層心を発見したのは、ヨーガ（瑜伽《ゆが》）を修することによって心の波を静め、心を清浄《しょうじょう》にして心の奥深くを観察することができたからです。

ヨーガとは心を内に止め、心の内に住することから始まります。心を内に止める。しかし、私たちの日常の生活では、逆に心を外に流散せしめています。眼《げん》・耳《に》・鼻《び》・舌《ぜつ》・身《しん》という五つの感覚器官を通して心が外に流れ出ています。特に眼と耳の働き、すなわち視覚と聴覚との二つの感覚が心を流散せしめる二大要因です。それによって外界の事象（と考え間違っているもの）に心が繋縛《けばく》され、心のエネルギーがそれによって浪費されているといえるでしょう。

目を閉じてみましょう。なにも見えなくなります。でも、それによって視覚の対象からの刺激がなくなりました。しかし、まだ聴覚の働きが残っていますから、心はさまざまな音や声に反応して乱れます。そこで吐く息、吸う息に心を向けて、息が自分か、自分が息かとなるほどに心全体を息に集中してみましょう。すると声や音に対する反応が少なくなり、心は静まってきます。このように表層の心が静まり澄んでくると、摩周湖の底深くが見えるように、これまで気がつかなかった深層の心が見えてきます。このように、唯識瑜伽行派の人々がヨーガの実践を通して心の深底に沈潜し、そこで発見した新しい心が、**〈末那《まな》識《しき》・阿頼耶《あらや》識《しき》〉**と名づけられた二つの深層心なのです。したがって、唯識派はそれまでの六つの識（眼《げん》識《しき》・耳《に》識《しき》・鼻《び》識《しき》・舌《ぜっ》識《しき》・身《しん》識《しき》・意《い》識《しき》）にこの二つの識を加えて全部で八つの識を立てました。これを「八識説《はっしきせつ》」といいます。八つの識は、①眼識・耳識・鼻識・舌識・身識、②意識、③末那識、④阿頼耶識の四つに分けることができます。四つの大まかな働きを次ページの図に示しました。

この末那識・阿頼耶識については章を改めて詳しく説明することにして、ここでは表層心の中で特に重要な「意識」について説明してみましょう。しかし、その前に「識」という語について考えてみます。

心はあるようでなく、ないようである

識とは心ですから、唯識とは「唯心《ゆいしん》」と同じことです。したがって、唯識とは「唯《た》だ心し

八　識　説

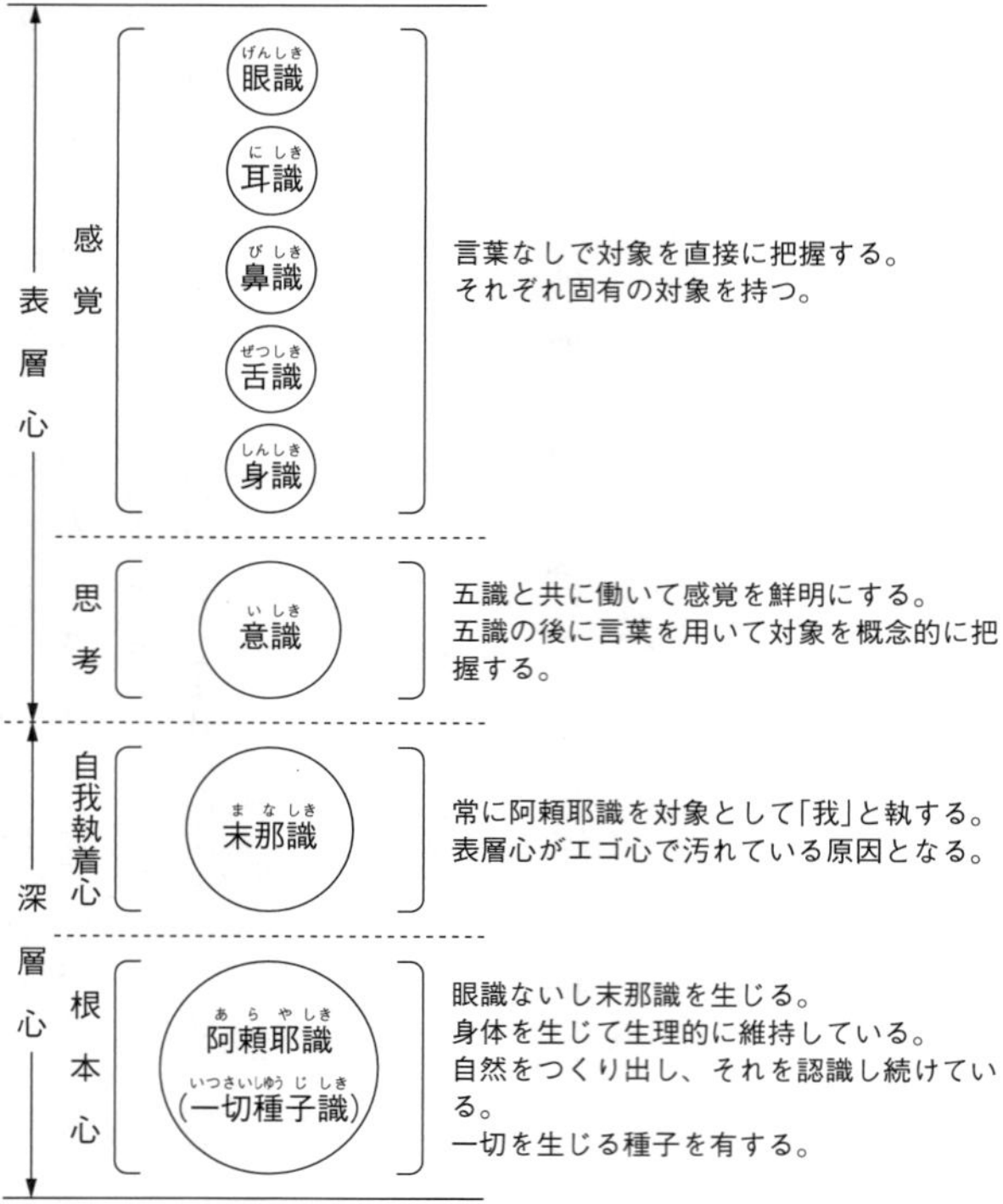
表層心
感覚
眼識《げんしき》
耳識《にしき》
鼻識《びしき》
舌識《ぜつしき》
身識《しんしき》
言葉なしで対象を直接に把握する。
それぞれ固有の対象を持つ。
思考
意識《いしき》
五識と共に働いて感覚を鮮明にする。
五識の後に言葉を用いて対象を概念的に把握する。
深層心
自我執着心
末那識《まなしき》
常に阿頼耶識を対象として「我」と執する。
表層心がエゴ心で汚れている原因となる。
根本心
阿頼耶識《あらやしき》
（一切種子識《いつさいしゆうじしき》）
眼識ないし末那識を生じる。
身体を生じて生理的に維持している。
自然をつくり出し、それを認識し続けている。
一切を生じる種子を有する。

か存在しない」という唯心論の立場をとります。しかしここで注意すべきは、ヨーロッパでいう唯心論と根本的に相違するということです。これについて説明してみましょう。

ヨーロッパの唯心論として、例えば次のようなバークリー(1)の主観的観念論があります。「実在するものは、神(god)と心(spirit)と観念(idea)だけである。それ以外に物(thing)といわれるものはない。現象世界を構成するのは心と、および心の中にある観念だけである。さらに現象世界の背後に観念を心に与える神が実在する」

ところで、このようなバークリーの考えは、「唯《た》だ心のみがあり、ものはない」というように「ある」か「ない」かという有無相対の存在観の立場をとります。そして、唯《た》だ心だけがあるという主張は、最終的には神の実在を証明するためのものでした。

これに対して、唯識思想の唯心論とはどういうものなのでしょうか。結論からいえば、それは「他者を救い、自らも救われていくための、救済のための唯心論である」といえるでしょう。唯《た》だものだけがあるという唯物論に対して、唯《た》だ心だけがあるという唯心論ではなく、いかに他者と自己とが迷いの世界から悟りの世界に至ることができるか、という観点から、「心は仮にある。その仮にある心を筏《いかだ》にして、迷いの此岸《しがん》から悟りの彼岸《ひがん》に到ろう」という意味での、唯心論的傾向が強い思想であるというべきです。

心は仮にある、すなわち「仮有《けう》」であると見る点が重要な特徴です。では、仮にあるとはどういうあり方をしているのでしょうか。

ここで眼識、すなわち視覚を例にとってみましょう。いま私にはペンを見ているという眼識が働いています。それはペンがあるからそのペンを見る眼識が生じているのであって、もしペンがなければペンを見るという眼識はなくなります。ここにもあの縁起《えんぎ》の理《り》が、すなわち「Aがあるから B があり、A がなければ B はない」という理が働き、「ペン（認識対象）があるから眼識（認識主体）があり、ペンがなければ眼識はない」という事実が起こるのです。だからこの事実を事実として認識するとき、眼識という識は、「あるようでなく、ないようである」というべきです。そしてそのようなあり方を、「仮にある」ということができます。ところが事実はそうですが、「唯《た》だ識がある」といえば、識という名詞に対応する「もの」があると安易に考えてしまいます。だが事実は、唯識の識は、いま述べたようにそのように仮にあるものであって、実体としてあるものではありません。

また観点を変えていえば、唯識思想のいう唯心論は、その論理に添って自ら身心を挙げて努力実践し、最終的にはあるとかないとかという世界を超えた境地に至るための唯心論です。これについてもう少し説明しますと、唯識は単に唯識だけでは終わりません。少し難しい術語でいえば、〈唯識無境《ゆいしきむきょう》→境無識無《きょうむしきむ》（境識倶泯《きょうしきくみん》）→空《くう》〉という過程を経て心境を高めていくことが要請されます。すなわち「認識主体」（識）と「認識対象」（境）との関係で、まず「唯《た》だ認識主体があり、認識対象はない」（唯識無境）という心境から出発し、次に「認識対象がないので認識主体もない」（境無識無＝境識倶泯）という心境になり、その心境を深めて最終的に有無を超えた空《くう》に至ることが要請されるのです。

いまここでは、唯識無境から空に至るプロセスを論理的に説明しましたが、それを具体的な体験を踏まえて言明したのが「無著教授頌《むじゃくきょうじゅじゅ》」といわれる次の頌です。

菩薩於定位　観影唯是心
義想既滅除　審観唯自想
如是住内心　知所取非有
次能取亦無　後触無所得

菩薩《ぼさつ》は定位《じょうい》に於《お》いて、影《よう》は唯《た》だ是《こ》れ心《しん》と観《かん》ず。
義《ぎ》の想《そう》既《すで》に滅除《めつじょ》し、審《つぶさ》に唯《た》だ自《みずか》らの想《そう》なりと観《かん》ず。
是《こ》の如《ごと》く内心《ないしん》に住《じゅう》し、所取《しょしゅ》は有《う》に非《あら》ずと、
次《つぎ》に能取《のうしゅ》も亦《ま》た無《む》なりと知《し》り、後《のち》に無所得《むしょとく》に触《ふ》れる。

残れるものはある

では、「空《くう》」とはいったいどういうことでしょうか。空の原語はゼロを意味するシューンヤ（śūnya）であり、漢訳が「空」であることから、一見なにもない虚無の状態を想像しますが、決してそうではありません。次に紹介する唯識派が好んで用いる「空」の定義を検討すると、空がそのようなものでないことがわかります。

あるもの（A）の中に、あるもの（B）がないとき、それ（A）はそれ（B）として空であると如実に見る。さらにそこ（A）に残れるもの（C）はあると如実に知る。

(『瑜伽師地論《ゆがしじろん》』三十六巻)

「空」といえば、一切が虚無であるとニヒリズム的に考える人が当時いたようです。それを悪取空者《あくしゆくうじや》、すなわち間違って「空」を理解する人と『瑜伽師地論』の中で非難されています。これに対して、「空」を善く正しく理解する人のことを善取空者《ぜんしゆくうじや》と呼んでいます。右の一文は、このうち後者の善取空者が理解する「空」を定義したものです。これは「空」の定義としては有名で、『瑜伽師地論』だけではなくて、唯識の論書に散見でき、『小空経《しようくうきよう》』という経典の中にあるものを唯識の人々が好んで引用したものです。

まず「あるもの(A)の中に、あるもの(B)がないとき、それ(A)はそれ(B)として空であると如実に見る」と定義されていますが、Aの中にBがないとき、AはBがないという意味で空であるというのです。例えば、幽霊というのはほんとうはないのにあると怖がっていた人の心の中から幽霊という影像が払拭されてなくなったとき、その人の心は幽霊としては空である、というのです。いま「払拭されてなくなった」と言いましたが、もっと具体的にいえば、なんらかの実践を通して、幽霊は存在しないという智慧《ちえ》を獲得したのです。つまり、「空」というのは決して論理ではなく、空と観る「空観《くうがん》」ですから、そこには空じる力が必要になります。

いまは幽霊というものを例に挙げましたが、心の中に生じるすべての影像をまとめて

「相《そう》」(2)といいます。だから空と観ることを「遣相《けんそう》」、すなわち「相を遣《や》る」といいます。前に述べた相縛《そうばく》から解脱《げだつ》することです。

さて、後半は「さらにそこ（A）に残れるもの（C）はあると如実に知る」と定義されています。すなわち、すべての相を否定し、除去したときにも、「そこ」、すなわち心の中には「残れるもの」はあると如実に知る、というのです。ここが唯識思想の悪取空者に対して強調したい点であり、これは体験に基づいた言明であります。この「残れるもの」が先ほど述べた「真如《しんにょ》」であります。心の中を空じ、空じ切った否定の極限に真如が顕現してくる、と唯識瑜伽行派の人々は強調するのです。「真如」、これがいかなるものであるのか、体験していない人にはわかりませんが、少なくともこの空の定義を論理的には理解することができるでしょう。

フロイトとの相違

このように、唯識の識は仮にあるもの、そして最終的にその存在性も否定されて「空」を悟ることになる、そのようなものとしてとらえられている点が、ヨーロッパの心のとらえ方と大きく相違します。精神分析学を確立したフロイトの意識・無意識という心のとらえ方と比べるとこの相違がはっきりします。精神分析でいう意識・無意識は、まずは空間的なものとしてとらえられ、しかも「意識・無意識はありてあるもの」として考えられていますが、唯識の識は、決して空間的な大きさを持つものではなく、しかも「あるようでなく、ないようである」という存在性を持つものなのです。

確かに私たちは、「識」という名詞で呼ぶとそのようなものがあるとつい思い込んでしまいます。しかし、静かに心を観察すると、「識」があるのではなく、「識《し》る」という作用があるだけです。もともと事象は、名詞よりも動詞でとらえたほうが事実を事実としてとらえているといえるでしょう。

例えば、なにかを見る。この事実に対して、「私にはそれを見る視覚が起こった」というよりも、唯《た》だ「見ている」といったほうがより事実に即した表現です。このように、動詞で表現されうるものしかないと見るほうがより事実に近い見方です。

とにかく、「識」は必ず認識対象を持つものとしてとらえるところが唯識派の、広くは仏教の特徴です。ですから、例えばプラトンが「肉体は霊魂の牢獄である」と言って、肉体と霊魂とを峻別し、またデカルトは実体を精神と物質の二つに分けていますが、そのようなありてある霊魂、永遠不滅の霊魂、実体としての精神といったもののほうが、むしろ信仰の対象であり、これに対して、「識はあるようでなく、ないようである」という判断のほうが科学的な見方といえるのではないでしょうか。

ここで、フロイトの心のとらえ方と唯識思想のそれとの相違をまとめておきましょう。

〈フロイトの精神分析〉

①心を一括して意識と呼び、かつ大きさを持ったものととらえる。したがって、心を浅い層と深い層とに分けることができ、無意識が「深層心」と命名された。

②深層心としての無意識は、意識されないもの、すなわち意識の領域に上がってこない心の層をいう。

③無意識の存在は、正常人の記憶間違い、言葉の使い間違いなど、あるいは心身症の患者の言動などの観察を通してあると仮定されたものである。

④心は「ありてあるもの」である。

〈唯識思想〉

①心を識（vijñāna　ヴィジュニャーナ）と呼び、眼識から阿頼耶識の八識に分け、かつ大きさも形もないものとしてとらえる。したがって、心には浅い、深いということはなく、本来的には阿頼耶識を深層心と呼ぶことはできない。眼識・耳識・鼻識・舌識・身識・意識のグループと阿頼耶識とをあえて区別すれば、前者を「現れた心」、後者を「隠れた心」と呼ぶべきである。しかし、ここではフロイトが用いた深層心という表現を借りて、以後も阿頼耶識を深層心と呼ぶことにする。

②深層心としての阿頼耶識から一切の現象が変化して現れる。したがって、一切は阿頼耶識であるということもできる。

③阿頼耶識は、ヨーガ行者がヨーガを修することによって自ら発見したものである。

④心、すなわち識は必ず認識対象を持つものであり、したがって認識対象がなければ認識する主体、すなわち識もなくなる。すなわち識は「あるようでなく、ないようである」ものである。

意識による感覚の明瞭化——意識のスポットをなにに照射するか

変な例えですが、ぼーっとしていた意識を頭の毛のあたりに向けると、それまで気にしていなかったふけでかゆいという感覚がよみがえってきます。そして、その同じ意識を足に移すと、今度は水虫のかゆさが感じられるようになります。このように、いわば意識のスポットを向けると感覚が鮮明になってきます。

感覚だけではありません。心の中に現れてくるさまざまな影像の中のなににスポットをあてるかは個人差があるでしょうが、それによってその人の気質が違ってきます。

世の中には、よく愚痴っぽい人がいます。「なぜそうだったのか」と、他人や自分の行ったことに対して非難したり後悔したりする人がいます。その人は、心の中に浮かんでくる過去の出来事の影像に意識のスポットを照射して、それを強く意識するからつい愚痴を言ってしまうのです。

未来のことについても同様です。また、いまだ来ない老後のこと、そして最後に来る「死」のことを思うと不安になります。これが昂《こう》じて老人性うつ病となる人もいます。

このように、過去にしても未来にしても意識のスポットがあてられるとその影像が鮮明となり、心がそれに捕らわれて、悔い、悩み、恐れることになるのです。

苦や楽といった感覚についても同じことがいえます。重い荷物を持って歩いている。そのとき、人から「重たそうだから代わって持ってあげましょうか」と声をかけられたとたんに、その荷物が重く感じられるようになります。それは、それまで向けられていなかった「重い」という感覚に意識のスポットが照射されたからです。

ほんとうに意識をどこのなにに向けるか、これによって世界が大きく変わってきます。ふつう、世界があってその中に自分があると考えますが、それは頭の中で、言葉で考えたことですから、そのように考えられた世界は変化しない抽象的な世界です。これに対して、自分がつくり出し、その中に閉じ込められている具体的世界においては、意識のスポットをどこのなにに照射するかによってその世界のありようは種々に変貌します。心があって世界があり、意識の運用によってその世界の姿が変貌する。この事実を心の中で自ら確認することが大切です。以上のように、意識にはまず「感覚を鮮明にする働き」があります。

真理に裏づけされた言葉――繰り返し正しく聞く

感覚（五識）と共に働いてその作用を鮮明にする、という働きに劣らない重要な意識の働きは、「言葉を用いて思考する」という働きです。これについて検討する前に、しばらく言葉について考えてみましょう。

これまでは、言葉で考えることは迷いを生じるという言葉の否定的な面ばかりを強調してきましたが、言葉にはもう一つ重要な働きがあります。それは、言葉が人の迷いを正す最初の原動力になるという働きです。なぜなら、人は言葉によって迷っているから、まずは同じ言葉によってその迷いを正す必要があるからです。もちろん、迷いを正しうる言葉は正しい言葉でなければなりません。

例えば「諸法《しょほう》は無我《むが》である」という教えがあります。この言葉を聞いて、「無我なのだ。よし、無我になろう」という意志が起こります。「自性清浄心《じしょうしょうじょうしん》・客塵煩悩《きゃくじんぼんのう》」（煩悩は塵《ちり》ほこりのようなもの、心はもともと清らかである）という教えを聞いて自分への信頼を取り戻し、よし、煩悩をふき払ってもとの清浄な心に戻ろうという決意が生じます。「自他不二《じたふに》である」「我と万物とは同一根である」という文句を聞いて、「自分とはそういうものか」と想像し、ほんとうの自分とは、自分と他人、自分と自然という対立がなくなった広大無辺な宇宙大ともいえる自分なのだと知って勇気がわいてきます。

自ら真理を悟った聖者や哲人の残した言葉から、私たちはほんとうに多くの教えを学ぶことができます。書かれた本や聖典の文句を通して、過去の聖者や哲人の心に触れることができます。読書のすばらしさはそこにあります。『プラトン全集』を読むとき、アテネの町中で青年たちと情熱的に語り合うソクラテスの姿を思い浮かべることができます。『新約聖書』に目を通すとき、慈愛に満ちたイエスの姿を想像することができます。『法句経《ほっくきょう》』をひもとくとき、厳しくも柔和な釈尊の生涯に思いをはせることができます。私たちがこれらいずれの本からも感動を得るのは、表現や言葉は相違するけれども、そこには同一の真理が貫かれているからではないでしょうか。このように真理に裏づけされた言葉、それは人生の道標です。

ところで、いま真理に裏づけされた言葉を聞くことの大切さを述べましたが、その前にそのような言葉を語る人に出会うことが必要です。唯識思想は、真理に至るには次の四つの段階を経なければならないと強調します。

①正しい師に出会う、②師の教えを正しく聞く、③聞いたことを理に則して思考する、④真理に至る、です。

学問であれ、スポーツであれ、あるいは仏道修行であれ、まずは自分と気質の合った師と巡り会うことが大切です。

行雲流水《こううんりゅうすい》という言葉がありますが、これは雲が行くが如くに、水が流れるが如くに修行僧が自分の師を求めて各地を遊行することを意味する言葉です。すばらしい師匠との出会い、それはその人の人生を大きく飛躍へと導く最初の契機です。

次に聞くことの重要性について考えてみましょう。

若いとき、私の属していた仏教青年会が浄土真宗の盛んな北陸のある場所で開いた講演会に参加したときのことでした。若い私のつたない法話にもかかわらず、私がなにか経典の文句を口にするたびに、前に座っているお年寄りの方々が「なんまんだ、なんまんだ」と手を合わせる姿に驚きました。それが真宗の修行の一つ、「聞法《もんぼう》」であることをあとで知って納得したことが、いまも懐かしく思い出されます。聞法の大切さは、唯識思想でも強調されます。正しい法を正しく繰り返し繰り返し聞くことを、〈正聞熏習《しょうもんくんじゅう》〉といいます。なぜそれが大切なのか。それは繰り返し聞くことによって、真理に裏づけされた法、すなわち言葉が阿頼耶識の「真理に目覚める種子」に肥料や水を与えて生育せしめ、その成熟した種子から、ある日、真理に目覚める智慧《ちえ》が生じるからです。私はお経を読むたびに、これも正聞熏習と思って、声高らかにお唱えすることにしています。『般若心経《はんにゃしんぎょう》』の、あの有名な「色即是《しきそくぜ》空《くう》・空即是色《くうそくぜしき》」の二句を、阿頼耶識に届けとばかり力を入れて読むことにしています。

意識による思考——道理に則して自ら考える

次に、言葉を用いて思考するという意識のもう一つの働きについて考えてみましょう。

意識の原語はマノー・ヴィジュニャーナ（mano-vijñāna）で、マナス（manas）とは、考えるという動詞 man に由来する名詞なので、意識とは「思考する心」という意味になります。前に記した真理に至る四段階の最初の二段階は、キリスト教にもあります。すなわち、イエスと出会い、イエスを通して神の声を聞く。ここまでは仏教と同じですが、しかしこれ以後が違ってきます。キリスト教ではその聞いたことを「信じる」ことが要請されますが、仏教では聞いたことを「自ら思考」しなければならないと説かれるのです。信仰に基づく宗教と観察と智慧に基づく宗教との大きな違いがここに表れています。

では、どのように自ら思考すべきなのでしょうか。これに対して唯識思想は、〈如理作意《にょりさい》〉せよと答えます。「理の如くに作意せよ、理に則して思考せよ」と強調します。この如理作意の原語はヨーニ・シャス・マナスカーラ（yoni-śas-manaskāra）といいます。ヨーニ（yoni）とは子宮のことですので、「子宮の領域からの思考」というのがこの語の原意です。子宮は子を生み出す根源的な器官です。したがって、「如理作意」とは根源的思考を意味するといってよいでしょう。それは単に言葉だけを用いた概念的思考ではありません。概念的思考は、真理の表層のみを言葉によって理解するにとどまります。それは靴の底からかゆい足の裏をかくようなもので、決して満足が得られません。根源からの思考、例えていえば、気海丹田《きかいたんでん》（へそ下十センチぐらい）辺りでの思考、否、もっと深い子宮の辺りでの思考によって真理そのものを自らの中でつかむことが要求されるのです。

例えば、引力を例にとってその理を理解するということを考えてみましょう。ニュートンは、リンゴが木から落ちるのを見て万有引力を発見しました。しかし、それはあくまで引力を向こう側において、言葉や記号によって理解したにすぎません。ニュートンが引力そのものを理解するにはどうすればよいでしょうか。答えは簡単です。彼がどこか高いところから飛び降り、引力に身をゆだね、引力そのものに成り切ってみればよいのです。

この成り切って考える思考、これをいちおう集中的思考と呼んでおきたいと思います。そこで真の有効的な力強い思考とは、「概念的思考」と「集中的思考」とをミックスした思考であるといえるのではないでしょうか。

真の思考＝概念的思考＋集中的思考

「如理作意」はまさにこのような思考であると私は考えます。

たしかに、言葉を用いた思考は対象をはっきりと認識できます。例えば、私が「これは鉛筆である」と判断すれば、それは鉛筆として明確に知覚されます。同時に、だからそれによって判断が終わり、それ以上の追求がなくなってしまうともいえます。そしてまた、このように言葉でもって判断するとき、私は「あるがままにあるもの」から遠ざかってしまいます。集中的思考はこの遠ざかりを食い止め、「あるがままにあるもの」、すなわち真理[3]に近づいていく推進力であるといえるでしょう。

唯識思想の哲学性と科学性

では「如理作意」、すなわち「理の如くに思考する」というときの理とはなんでしょうか。次にこの問題を考えてみましょう。これについて『瑜伽師地論《ゆがしじろん》』に説かれる次の四つの道理を手がかりとして検討し、唯識思想がいかに哲学性と科学性をも備えた思想であるかをみてみます。

観待《かんたい》道理
作用《さゆう》道理
証成《しょうじょう》道理
法爾《ほうに》道理

「道理」とは一切の存在を貫く理ですが、それを四つに分類したものがこの「四道理」です。この「道理」に基づいて存在を一つひとつ観察し、思考することによって認識のありようを深め、最後にあるがままにあるもの、すなわち真如を証得することが求められています。ここで『瑜伽師地論』にある所説にしたがって、この四道理による観察(以下、思考ではなくて観察という表現を用います)の内容を概説すると次のようになります。

例えば、眼という感覚器官を例に取り上げてみますと、(イ)「多くの細胞からなるいくつかの器官、すなわち角膜や網膜、視神経などからでき上がっており」、(ロ)「それは眼という言葉で呼ばれるから、そこに存在するようになる」と観察するのが「観待道理」による観察です。「もの」はあいまって生じるというのが観待道理ですが、眼についていえば、角膜や網膜や視神経などによって、すなわちそれらとあいまって生じた仮の存在であるというのが（イ）であり、さらに「眼」という言葉でそれが呼ばれるから眼として存在するようになる、というのが（ロ）です。

この（ロ）の考えは唯識的でありますが、もともとは釈尊の考えに基づくものです。ほんとうに言葉によって「もの」が存在するようになるのです。元来、存在には名前がありません。それなのに、言葉を出したとたんに言葉に対応する「もの」が現前してきます。「いや、そうではない、〝もの〟があって言葉が起こるのだ」と反論する人もいるかもしれませんが、その人はそのときも、言葉でそう考えているのです。このことを静かに心に問いかけて観察してみると、言葉が存在を生み出す、という事実に気づきます。

次に「作用道理」による観察とは、「眼は色や形ある対象を見ることができる」と観察することです。さまざまな事象の作用はなにかと観察するこの姿勢は、非常に科学的です。

ここでしばらくこの道理を唯識的に考えてみましょう。世界はなぜこのようにエネルギーが渦巻いているのでしょうか。ほんとうに諸行無常《しょぎょうむじょう》であります。怒濤の如くエネルギーが展開しています。これを唯識的に考えれば、このエネルギーに満ちた世界は、自己の心がつくり出したもの、唯《た》だ識が変化したもの、すなわち唯識所変《ゆいしきしょへん》であるということができます。この教理に照らして、静かに自己の心の中を根底から観察してみましょう。すると、そこにはなんら自分というものが存在しない、すべては他によって生じさせられているということに気づかされます。心はまさに依他起《えたき》の世界、他に依って起こった世界です。

「唯識」とは唯《た》だ識だけであるという意味ではありません。唯識という原語はふつうの識を意味する「ヴィジュニャーナ」（vijñāna）とは違う「ヴィジュニャプチ」（vijñapti）という言葉を用いて、「ヴィジュニャプチ・マートラ」（vijñapti-mātra）といいます。

例えば眼識、あるいは意識という場合の識は vijñāna ですが、唯識の識は vijñapti です。この vijñapti という語は、知るという動詞 vijñā の使役形からできた名詞で、知らしめるという意味です。だから唯識とは「知らしめる」ということになり、知らされる側からすれば、「知らしめられている」ということになります。よくよく観察し、考えてみると、私たちは自分が知るのではなく、すべて知らしめられているという事実に気づきます。

眼を開けてみましょう。そのとき、自分が見ていると考えますが、眼を開けた瞬間はそんな思いはありません。唯《た》だ見せられているのです。眼を開けてよし見るぞといって見るのではなくて、見ざるをえないのです。

また、憎いという気持ちを抑えようと思っても抑えることができず、その思いは忽然と起こってきます。このように、どこを探しても「自分」というものはありません。すべては他によって生じている。他によって自分は存在せしめられているというのが事実です。しばらく坐を組んで、依他起の心の世界を静かに観察してみましょう。すると縁起の理が、依他起の理がだんだんと分明に見えてきます。

次に三番目の「証成道理」による観察に移ります。証成とは、「AはBである」という判断の正しさを、以下に述べる三種の認識手段で証明することです。例えば、いま例に挙げている眼についていえば、「眼は無常であり、多くの縁によって生じたものであり、苦なるもの、空なるもの、無我なるものである」という判断を次の三種の認識手段で証明することです。

(1) 至教量《しきょうりょう》(釈尊によって説かれた教えに基づく認識手段)。

(2) 現量《げんりょう》(感覚に基づく認識手段)。

(3) 比量《ひりょう》(論理的推量に基づく認識手段)。

「至教」というのは、「アーガマ」(āgama) の意訳で、音訳すると「阿含《あごん》」と訳され、伝承という意味です。釈尊が説かれた教えは文章として書かれず、最初は全部口承で伝えられたので、伝え至った教えという意味で「至教」といいます。したがって、至教量とは釈尊が説かれた教えを基準として判断の正しさを証明することです。

釈尊の言葉を権威として正しさを証明するこの姿勢は、キリスト教の聖書の言葉を重視する姿勢に通じます。しかし、「現量」と「比量」による証明は、信仰を中心とするキリスト教にはありません。

「現量」とは感覚、「比量」とは言葉を用いた論理的な推量で、このように自らの感覚と論理的推量で判断の正しさをさらに確証していくことが要求されているのです。これによっても唯識思想が科学性と哲学性とを兼ね備えた思想であることがはっきりしました。以上の三量による観察をまとめると、観察の対象は、

（1）まずは「経の文」から始まる（至教量）。

（2）次に、言葉を付与しない対象そのものを観察する、すなわち対象を感覚で認識する（現量）。

そして最終的には、

（3）その感覚内容を自らの知性で言葉を持って論理的に正しく整理する（比量）。

自らの感覚で確かめること、そして自らの中で思考することが要求されていることは、まさに科学的観察に通じます。

最後が「法爾道理」による観察です。これは、「眼がそのようなあり方をし、そのような作用や特質を持っているのは、その眼の本性がまさにそのようであるからである」と観察することです。観察の最後の行き着く先は「真如」ですが、そのための最後の観察が「法爾道理」による観察です。

「観待道理」に始まり「証成道理」に至るまでは、なぜ、なぜと問い続け、観察を深めてきました。しかし最後の最後は、すべての分別は消え去り、そうだからそうであるといわざるをえない世界に至るということを、この「法爾道理」は教えています。

観察の成就

この四段階にわたる観察を簡単にまとめてみますと、「なぜ生じたのか」という問いかけから始まり、次に、結果として生じた現象の「具体的な作用はなにか」と、観察の内容を深め、さらに、「これら個別の現象に共通するありようはなにか」と観察をいわば横から縦へと深めていきます。そして最後の最後、では、「なぜそうなっているのか」という問いに対して、そうなっているからそうなのだと観察することで終わります。

悟性と身心挙げての努力の結果、もはや観察の働きが尽きて最後に至りうる理を言語化したのがこの道理です。個々の具体的な観察から入って普遍的な観察に移り、最終的には個も普遍もその中に融解してしまう、いわば「存在の根拠」(真如)に至って観察的思考が終焉し、観察という行為が成就するのです。

「観待道理」から「証成道理」までの観察は、自然科学的観察と共通した面もありますが、ヨーガの観察が自然科学の観察と違うのは、行き着く先がすべての存在のいちばん深いところにある存在の根拠、すなわち「真如」であるという点です。

「道理」から入って「真理」に至る。言葉による論理的な思考から入って、最終的には言葉や論理的な思考が終焉する、そういう世界に飛び込んでいく、これが仏道のプロセスではないかと思います。

次に、仏教が哲学性を持っているという点を考えてみましょう。哲学とはなにか。これも論議すべきことですが、ここでは論理的思考という点に絞って考えることにします。

唯識思想が哲学性・論理性を有しているという証拠に、「理証《りしょう》」という考えを挙げることができます。「AはBなり」という判断が真か偽か、この証明は、いま挙げた三量とは別に、「教証《きょうしょう》」と「理証」という二つの面からもなされます。

このうち「教証」とは先に述べた「至教量」にあたり、経典に書かれている教えに基づいて正しいと判定する方法です。

これに加えて「理証」、すなわち道理によって論理的に思考して正しいと証する方法ですが、例えば世親《せしん》の『唯識二十論《ゆいしきにじゅうろん》』全体は、外界実在論を徹底的に理論で打ち破り、外界には事物は存在しないということを証明した「理証」から成り立っているといえます。その論述の紹介は割愛しますが、ぜひ一読していただければ、世親の思索がいかに哲学的、論理的であるかがおわかりになるでしょう。

（1）　アイルランドの経験論哲学者。あらゆる存在は感覚で知覚されているにすぎないと主張した。

（2）　唯識という教理を「性相学《しょうそうがく》」といいます。性相のうち、「相」とは相に束縛された迷いの世界、有為の世界であるのに対して、「性」とはその反対の悟りの世界、無為の世界です。唯識思想の目的はこの両者を区別して（それを性相決判《しょうそうけっぱん》という）、相を遣《や》って性を証することによって迷いから悟りに至ることです。

したがって、「唯識」という教理を掲げた宗派を法相宗《ほつそうしゆう》といいますが、詳しくは法相性 宗《ほつそうしようしゆう》というべきでしょう。現在、法相宗に属する寺院としては奈良の興福寺や薬師寺などがあります。

（3）人間はなんらかの理に則して生きていかなければ、迷い、苦しみ、罪を犯すことになります。唯識思想はその理として次の二つの理を説きます。

①縁起の理

②真如の理

このうち、「縁起の理」は言葉で定義された理であって道理と呼び、「真如の理」は本来的には言葉では言い表せない理であって、「真理」と名づけるという考えが日本での唯識において起こり、道理から入って真理に至ることが強調されました。

第四章　心は微細に働く

心作用の分析と分類

なにも考えずに、見ることだけに徹しようと意識を集中して相手を見続けると、そこには憎いとか好きだとかいう気持ちは起こりません。しかし、ちょっと気を抜くと、いろいろな思いが生じてきます。また、初対面の人と会うことを考えてみましょう。前もってその人のうわさを聞いて会うと、その人をうわさによって色づけして見てしまいます。このように、眼で見るという視覚には、いろいろな思いが伴って働いていることに気づきます。

心はほんとうに複合体です。この心のありようを分析して、仏教は心を、〈心《しん》と心所《しんじょ》〉とに大きく二分します。このうち「心《しん》」とは心の中心体で、部派仏教までは六つの識（眼識《げんしき》・耳《に》識《しき》・鼻識《びしき》・舌識《ぜつしき》・身識《しんしき》・意識《いしき》）が考えられていましたが、唯識派はこれに深層に働く末那《まな》識《しき》と阿頼耶識《あらやしき》とを加えて全部で八識を立てるに至りました。この「心」の原語は「チッタ」(citta) で、王という語はありませんが、心の中心であるから王に例えて心王《しんのう》ともいわれます（以下、心所と対比される場合の心は心王と表現することにします）。

後者の「心所《しんじょ》」とは、詳しくは「心所有法《しんしょうほう》」といい、心、すなわち心王が所有する心という意味で、王に多くの臣下が従うように心王に付随して働く（それを相応という）心の微細な作用をいいます（以下、心所有法を省略した心所という表現を使うことにします）。

心所に関する分析は原始仏教から始まり、部派仏教に至ってますます精密となり、それを受け継いで唯識派は全部で五十一の心所を立て、次の六つのグループに分類しました。

①遍行《へんぎょう》――触《そく》・作意《さい》・受《じゅ》・想《そう》・思《し》
②別境《べっきょう》――欲《よく》・勝解《しょうげ》・念《ねん》・定《じょう》・慧《え》
③善《ぜん》――信《しん》・慚《ざん》・愧《ぎ》・無貪《むとん》・無瞋《むしん》・無癡《むち》・勤《ごん》・軽安《きょうあん》・不放逸《ふほういつ》・行捨《ぎょうしゃ》・不害《ふがい》
④煩悩《ぼんのう》――貪《とん》・瞋《しん》・癡《ち》・慢《まん》・疑《ぎ》・悪見《あくけん》
⑤随煩悩《ずいぼんのう》――忿《ふん》・恨《こん》・覆《ふく》・悩《のう》・嫉《しつ》・慳《けん》・誑《おう》・諂《てん》・害《がい》・憍《きょう》・無慚《むざん》・無愧《むぎ》・掉挙《じょうこ》・惛沈《こんじん》・不《ふ》信《しん》・懈怠《けだい》・放逸《ほういつ》・失念《しつねん》・散乱《さんらん》・不正知《ふしょうち》
⑥不定《ふじょう》――悔《け》・眠《みん》・尋《じん》・伺《し》

この六グループの違いを簡潔に定義してみます。

①遍行――八種の心王すべてと相応する心所。
②別境――それぞれ特別の固有の対象を持つ心所。

③善――――善の心所。
④煩悩――心を濁す根本的な心所。根本煩悩ともいう。
⑤随煩悩――根本煩悩から派生する心所。
⑥不定――一切の心王と相応する場合もあり相応しない場合もある。あるいは、善にも悪にも無記（善でも悪でもない）にもなりうるという意味で不定という。

このように、仏教はインドのほかの学派には見られない精密な心理分類をつくり上げましたが、これは現代にも通じる心理学の側面をも持っています。しかし、それは学問的興味からなされたのではなく、あくまでも「無我《むが》」を証明するための、あるいは迷いから悟りに至るための心理分析なのです。

右の心所の一つひとつの説明は割愛し、ここでは六群の中の最初の「遍行の心所」についてのみ解説します。善や煩悩について解説した書は多くありますが、この「遍行の心所」については、専門書以外ではあまり取り上げられていません。しかしそれは、すべての心と共に働く重要な心作用です。いま一つひとつを解説していきながら、それから派生する問題をも含めて論じてみたいと思います。その前に、迷いから悟りに至るための心理分析という観点から、多くの心所に分析した意義を考えてみましょう。

（1）明鏡止水《めいきょうしすい》という語が示すように、波立つ心（散心《さんしん》）を静めてはじめて存在をありのままに観ることができるようになります。その心の波を静め、静かな定まった心（定心《じょうしん》）にする最初の心所が「念」であります。

例えば出る息、入る息に成り切り、集中する、この息を念ずる心が「念の心所」です。次に、その「念」の働きによって心の乱れがおさまり、そこに定まった心、すなわち「定」心が生じてきます。そして最後に、その定まった心に存在がありのままに映し出されます。それが「慧《え》」という働きです。このように、「念」を起こせば必然的に「定」が、そして「定」が生じればまた必然的に「慧」が結果します。

A↓B↓C↓

いま例に挙げた念↓定↓慧と展開する心所の流れだけではありません。自己向上を目ざして努力するさいに、A↓B↓C↓と展開するどのような心所を起こしたらよいのか、迷いから悟りに至るためにはどのような心所の流れに乗ることが必要なのか、そのために心所の因果の流れを把握し、これを解明することも仏教が行ってきた心理分析の一つの目的です。

（2）次に心所を因果の流れの中でとらえるのではなく、善心と悪心との対比の中でとらえる心理分析について考えてみましょう。例えば、あるものを貪《むさぼ》るという心、すなわち「貪《とん》」の心所が生じたとします。そのとき、その反対の貪らないという心、すなわち「無貪《むとん》」の心所を起こすならば、その「貪」の心所はなくなってしまいます。このように、悪心は善心によって退治することができるという観察から、唯識思想は悪心と善心を対立的に分析して次のようにまとめました。

所対治—	不信	無慚	無愧	貪	瞋	癡	懈怠	惛沈	放逸	掉挙	害
	⟷	⟷	⟷	⟷	⟷	⟷	⟷	⟷	⟷	⟷	⟷
能対治—	信	慚	愧	無貪	無瞋	無癡	勤	軽安	不放逸	行捨	不害

「対治《たいじ》」の原語は「プラチパクシャ」(pratipakṣa)で、反対、反対党、対立者というのが原意です。除《じょ》、除遣《じょけん》、断除《だんじょ》などとも漢訳されるように、悪なるものを除くものという意味で、「対治」と訳されます。そして、それをさらに「除かれるもの」と「除く働きをするもの」とに分けて、それぞれ「所対治」「能対治」といいます。

ところで「所」と「能」とは同時的なものです。だから悪心(Aの心)が滅した後に善心(非A)が生じるのではなく、光をともすと同時に闇が消えるように、善心を起こせばそれと同時に悪心が消滅してしまうのです。

非A⟷A

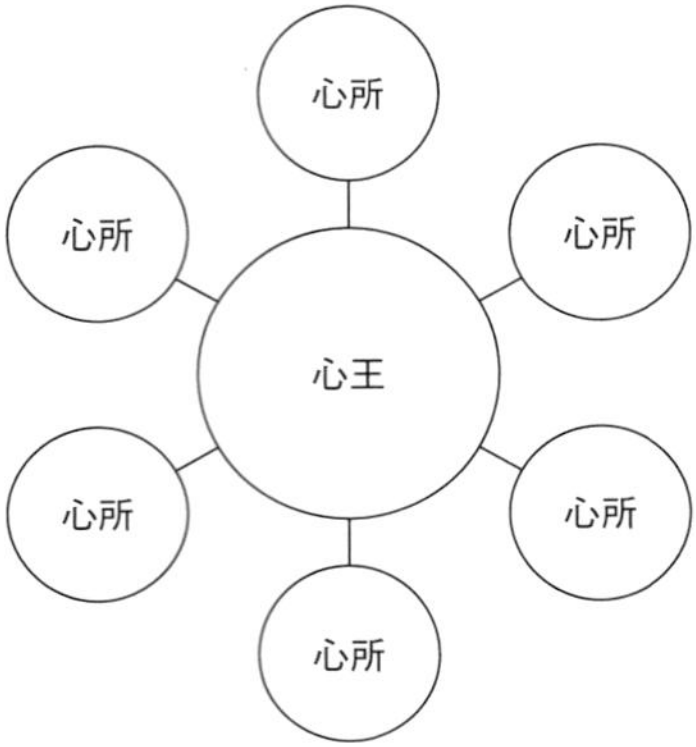

これも心を観察して得た経験に基づく心理分析です。前ページに記した相対立する心のまとめを見てください。できればいつも「能対治」の善の心所と共に見たり聞いたり考えたりしたいものです。

（３）次に一つの心、すなわち心王に、例えば視覚（眼識）にどれだけの細かく微細な心作用が相応して働くかという観点から心所の分析がなされています。これまで述べてきた（１）と（２）との観点からの分析よりも、この観点からの分析が大切です。

前述したように、視覚は視覚だけでは働きません。眼識は、好きや嫌いといった心作用が付随して具体的に働きます。だから見るという感覚、すなわち眼識は、相応する心所のありようによって善か悪か、濁っているか清らかであるかが決まってきます。できれば、いつも清らかな善き心所と共に見聞覚知《けんもんかくち》したいものです。

見聞覚知でいつも思い出すのは、宮澤賢治の「雨ニモマケズ」の中の次の一節です。

一日ニ玄米四合ト　味噌ト少シノ野菜ヲタベ
アラユルコトヲ　ジブンヲカンジヨウニ入レズニ
ヨクミキキシワカリ　ソシテワスレズ

「あらゆることを自分を勘定に入れずに見聞覚知する」、まさに人間の生きる理想の姿です。

触れしめる心（触の心所）

次に、「遍行《へんぎょう》」の心所の説明に移ります。仏教には、ほかにはない興味ある教説がいくつかありますが、その中で私が特にひかれるものに、「四食《しじき》」という考えがあります。これによれば人間には、①段食《だんじき》、②触食《そくじき》、③意思食《いしじき》、④識食《しきじき》という四種の食事があります。

最初の「段食」は、ひとくちひとくち口にするふつうの食事です。次の「触食」とは、いろいろなものとの触れ合いが生きる栄養となるという意味での食事です。その次の「意思食」とは、意思という食事です。確かに人間はなにかを目的とした意思を持たなければ生きていけません。最後の「識食」とは、見たり、聞いたり、ないし考えたりする識（眼識・耳識・鼻識・舌識・身識・意識）も栄養となるという意味での食事です。いわば感性と知性とが生きる栄養になるということも、うなずける考えです。

これらの中でも私がもっとも興味を引かれるのが「触食」です。たしかに人間は、「触れ合い」によって成長していきます。まずは家庭内での親や兄弟との触れ合い、そしてそれは友だち、教師、知人、同僚という社会的接触に発展し、もう無量無数の触れ合いによって生かされていきます。人間同士の触れ合いこそがいのちであり、最高の生きがいであるといえるでしょう。触れ合いは人間とだけではありません。花鳥風月という美しい自然との触れ合いによって豊かな優しい心が育まれていきます。

人間であれ自然であれ、このような触れ合いが起こりうる最初の原動力がこの「触《そく》」という心所です。

「触」とは、心王と心所とを対象に触れしめる心作用です。ある一つの認識が成立するためには「根《こん》」（感覚器官）と「境《きょう》」（認識対象）と「識《しき》」（認識する心）との三つが一つの場の中で相互に関係し、結合しなければなりません。この三者が結合することを「三和合」と呼び、この三つが和合したときに生じ、逆に三つを和合せしめるような心作用を「触」といいます。

ところで、「根」である感覚器官は身体の一部であり、原子・分子から構成された「もの」であり、「境」という対象、例えばここにある鉛筆もまた同じく原子・分子から成り立っている「もの」です。この二つの「もの」が、心・心所という「心」と結合関係を持つようになるために必要なのが、この「触」という心所です。

しかし、このような「触」の定義を聞いても、そのような働きをする「触」が具体的にどのようなものであるのかはなかなかわかりません。でも、「触が無ければ心は屍の如し」と『婆沙論《ばしやろん》』などに力説されている一文を心に刻み込み、そして、眼を開いて見えるということ、すなわち眼という感覚器官も「もの」、その対象も「もの」であり、この二つのものが認識関係に入ったとたんに視覚という「心」が生じることは驚異的な出来事であると気づき、心の内に住して、見る、聞くなどの感覚を静かに観察してみるとき、この「触」の働きに気づくのではないでしょうか。

ところでいま、ものか心かとその両者を簡単に言葉で分けてしまいましたが、ほんとうに分けられた「もの」と「心」とは別々に存在するのでしょうか。もしも別々の実体として存在するとするならば、眼という「もの」と鉛筆という「もの」とが向かい合うとき、そこに鉛筆を見るという視覚、すなわち「心」が生じるという事実に対して、「ものとものとの触れ合いから、心という全く別の存在がなぜ生じてくるのか」という一大問題に対して、どのように答えることができるでしょうか。ある人は、「心は脳の機能である」と唯脳論的に答えるかもしれません。でも、これは答えになっていません。なぜなら、さらに「ではなぜ脳は心を発生することができるのか」と同じように質問できるからです。脳の神経細胞の研究を通して、意識が発生してくるメカニズムを解明しようとする大脳生理学者の努力は、いまだ満足な成果を得ていません。この「なぜものが心を生じさせるのか」という問いに、人類は永遠に答えることができないでしょう。

なぜなら「もの」と「心」とは、あの「自分」と同じく、唯《た》だ言葉の響きがあるだけなのですから。ここでも私たちは言葉に惑わされています。眼を開けた瞬間の、ものとも心とも分別されない「生《なま》の存在」の中に、静かに住してみましょう。そして「念」の力でそこに繰り返し繰り返し住していくうちに、ものとも心とも分別しない無分別智《むふんべつち》が養成されてきます。そしてさらに、念の力と無分別智の力とが強まれば強まるほど、「生《なま》の存在」の奥深くに突き進み、最後に「存在そのもの」の中に突入し、ものでも心でもない世界に住します。そこをあえて言葉で語れば、「唯《た》だ、唯《た》だの世界」です。そしてこの世界からみれば、はじめて「唯識」の「識」はほんとうはどうでもよく、「唯」が大切であることがわかってきます。そうなってきますと「唯識」でも「唯境」でも、「唯心」でも「唯物」でもよいのです。

この、「ものでも心でもない」という見方が重要です。私は最近、少し強い言い方ですが、「二分法的思考を終焉させよう」と提言しています。ほんとうに人間は、二つの管を通してしか存在を見ることができません。「あるかないか」「同一か異なるか」「自か他か」「ものか心か」と、二つに分けてものごとを分別しています。しかし、これらの言葉は人間の側から付与した塵《ちり》のようなものです。塵をかけると、存在そのものが曇ってきます。その塵を取り除いたところに、まずなにが現れてくるでしょうか。そこには分別なき「生《なま》の存在」が見えてきます。そしてさらに突き進んでいくと、なにに至るのでしょうか。至る先、それ

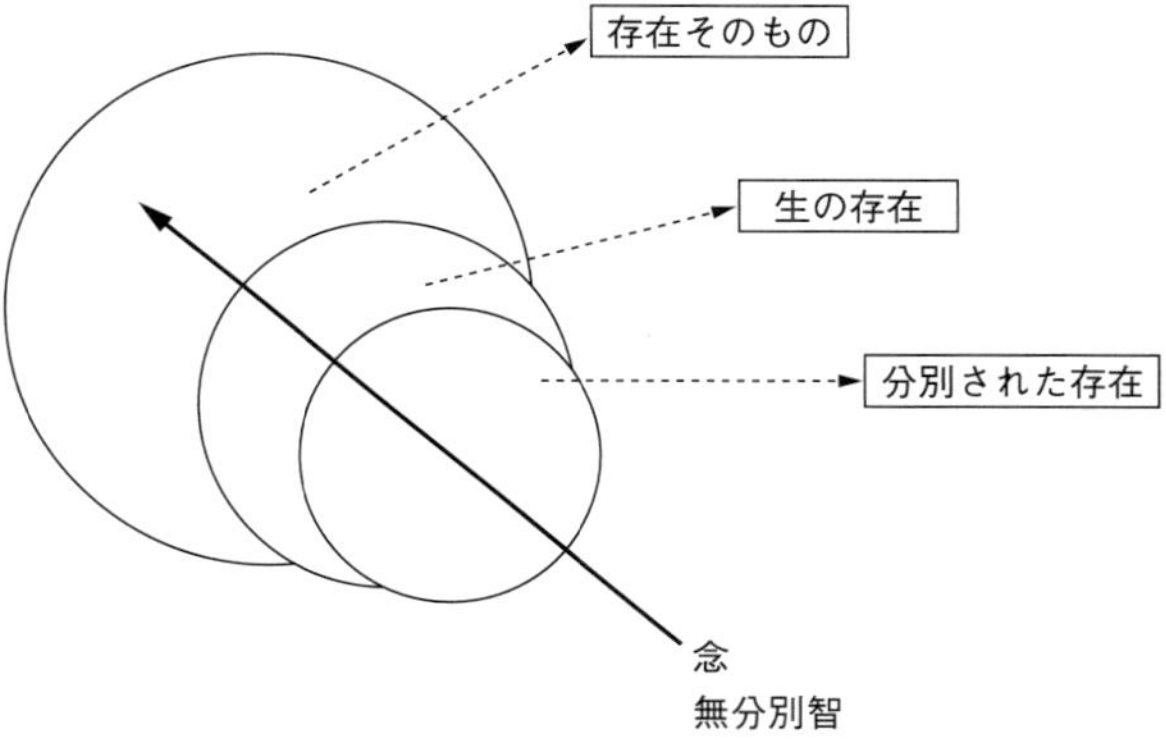

後に述べる三性《さんしょう》でいえば、「分別された存在」が遍計所執性《へんげしょしゅうしょう》、「生《なま》の存在」が依他起性《えたきしょう》、「存在そのもの」が円成実性《えんじょうじつしょう》にあたります。このように、いわば心という存在の表層からだんだんと奥の領域に突き進み、もとの存在そのものに帰りゆくこと、これがヨーガの具体的内容であるといえるのではないでしょうか。科学の目もこの方向に進んでいるのでしょうか。それとも全く方向が逆なのでしょうか。

が前述した「存在そのもの」です。

科学者の目、特に物理学の量子論者の目も「生《なま》の存在」に向けられはじめているのではないかと思います。もしそれが「存在そのもの」に達しえたとき、どのような理論が成立するでしょうか。

唯識の経論の中に「非有非《ひうひ》無《む》」「不一不異《ふいつふい》」「不生不滅《ふしょうふめつ》」「不増不減《ふぞうふげん》」などの語が多く出てきます。これはすべて「生《なま》の存在」、そして「存在そのもの」から見た表現です。

ほんとうに二分法的思考では、存在の深奥に入り込んでいけません。ものか心か、物質か精神か、霊魂か肉体か、科学の成果をも踏まえながら、自らが自らの心の内に住してこの問題を観察・思考することが、二十一世紀を生きる私たちに課せられた任であると私は確信しています。

このように、「触」という心所から派生した問題ではありますが、いろいろなことを学ぶことができます。

驚かし目覚めさせる心（作意の心所）

ぼんやりと窓から外を眺めていると、いろいろな音や声が聞こえてきます。しかし、私はそれらすべてを平等に聞くのではなくて、例えば、心が鳥の声に向かい、それに聞き惚れてしまうことがあります。このように心を鳥の声に向けしめる心作用が「作意《さい》」といわれる心所です。見方を変えれば、「作意」とは「眠っている心」を驚かせ、目覚めさせ、その心を鳥の声に向けしめる心作用であるともいえるでしょう。「作意」が「驚かせ、目覚めさせる働きである」ということは、その働きが「発動《ほつどう》」「警覚《きようかく》」「警動《きようどう》」あるいは「廻向《えこう》」「廻転《えてん》」などと表現されることからもわかります。たしかに点火装置がエンジンを始動せしめるように、心が具体的に働きはじめるには起動因が必要です。

ところで、「眠っている心」を目覚めさせると言いましたが、この眠っている心とは、唯識思想によれば阿頼耶識《あらやしき》の中の種子《しゆうじ》です。したがって、この「作意」という心所の働きは、阿頼耶識という深層心の領域で起こることになります。鳥の声を聞く。それは阿頼耶識の中で「作意」が働き、種子を驚かし、目覚めさせて鳥の声を聞くという聴覚を生じたと考えるのです。

また別の例として、ある人と対面するときのことを考えてみましょう。その人の服装や顔形が気になるタイプの人もいますし、そのような表面的なものではなく、その人はなにを考えているのだろうかと、その人の心のありように関心を持つタイプの人もいます。

このように、人によって心が引かれる対象が違います。それは先天的な気質によるのか、それとも家庭、風習、教育といった環境によって後天的に形成されたものなのか、いずれでしょうか。いずれにしても、深層の阿頼耶識の次元にまで深く掘り下げて心の最初の「発動」を考えている、この「作意」という心作用に興味が引かれます。

ところで、心が「自分」に向かうか、「他人」に向かうかによって人生は大きく変わってきます。左に自分のためにのみ生きる人の人生があり、右に自分などどうでもいい、人のためにこの一生を生き抜こうと決意した人の人生があるとします。さあ、あなたは左右どちらの人生を歩みたいのか、歩まなければならないのか、自分の胸に問いかけてみましょう。もしかすると、右の人生を歩みはじめる最初のきっかけが、深層の阿頼耶識の領域で起こりうるかもしれません。その可能性があるのだと教えてくれるのが、この「眠っている心」を「警覚」して目覚めさせる「作意」という心所についての教説です。

苦楽を感じる心（受の心所）

以下の「受《じゅ》」と「想《そう》」と「思《し》」とは、いずれもその働きによっては人間の迷いと苦しみとを生じる原因となる心所です。

このうち、「受」とは苦、楽、あるいはそのどちらでもない非苦非楽《ひくひらく》と感じる感受作用です。なぜこれが迷いや苦しみを生じるかといえば、私たちは苦から逃れて楽になりたいという欲望を持ち、もしもその欲望がかなえられないと、そこに苦が結果するからです。楽もまた苦を生じさせます。なぜなら、一度手にした楽に執着して、いつまでも楽であってほしいと思う欲望が苦につながっていくからです。衣食住の満ち足りた生活を一度すると、もはやその幸せを失いたくないと執着します。しかし、それがほんとうに幸福なのでしょうか。

少し横道にそれますが、私は最近「幸福」とはなにかを考える中で、自分の苦楽と他人の苦楽とは根源的に違うものとしてとらえるべきではないかと思うようになりました。その理由は次のとおりです。

授業で学生に「幸福とはどのような状態をいうのか」と質問すると、好きなことをしているとき、人々と楽しく過ごしているときなどという具体的な状況で答えたり、広く抽象的に定義した答えが返ってきたりしますが、それらを心の状態としてまとめると次のようになりました。

一、心が平安である。

二、心が安定している。

三、心が満足している。

平安も安定も満足も似通った概念ですから、この三つは同じことを意味しているかもしれません。とにかく、このように表現できる状態が幸福な状態であると、学生の答えからまとめることができました。

そこで、「心が平安であればなぜ幸福なのか」と質問すると、「そのときには苦がないからである」という答えが返ってきました。そこでさらに、「苦がないことがなぜ幸福なのか」と質問すると、さすがに答えに窮する学生が多くいました。それは、それ以上理由をつけることができず、「苦のないことは幸福であるから幸福である」と答えざるをえないからです。

この問答から、人間の生きていく中でいちばん問題となるのは、「苦」と「楽」とであるということが判明しました。だから仏教では「抜苦与楽《ばっくよらく》の慈悲《じひ》」といい、「慈」とは楽を与えること、「悲」とは苦を抜くことと、「慈悲」を苦楽という概念で定義するのです。釈尊も生老死の苦の原因はなにか、どのようにすれば苦から解脱《げだつ》できるのか、という人生の根本問題の解決を求めて出家され、苦の根本原因として無明《むみょう》を発見し、その無明を滅して明を起こせば苦から解脱することができると悟り、それを十二支《じゅうにし》縁起《えんぎ》説《せつ》としてまとめました。釈尊の出発は、あくまで「苦」からだったのです。

また、あの『旧約聖書』の冒頭にあるアダムとエバのエデンの楽園からの追放物語にも、やはり苦という現実の認識が根底にあります。すなわち、男には働くという苦、女には子を産むという苦、そして両者には共通の死ぬという苦が存在します。では、人間はなぜこれらの苦を背負って生きていかねばならないのか。この答えとして、アダムとエバが神の掟を破ったという罪に苦の根源的原因を求めたのです。キリスト教の出発も、やはり「苦」からでありました。

このように考えてきますと、幸福とは苦なき状態であるという定義はだれしも認めることになるでしょう。

しかし、前述した一から三の幸福の定義はすべて「自分の心」の状態であり、そこに「自分」というものが設定されている点が問題です。「自分の心は平安であり、安定しており、満足している」、これが幸福であるというのですが、はたしてそれでよいのでしょうか。それがほんとうの幸福なのでしょうか。たしかに「他人の幸福」ということでは、他人の心が平安であり、安定しており、満足している状態が幸福であるといえるでしょう。なぜなら、そのような状態では他人には苦がなく、楽があると思えるからです。

問題は、主語を他人ではなく自分に置き換え、「自分の心が平安であり、安定しており、満足している」ことが幸福であると定義してよいかということです。もちろん、そのような状態が自分の幸福であると思う「自分」がありますが、しかし、繰り返し述べてきましたように、そのような「自分」とは言葉の響きがあるだけです。「自分」など存在しないのに、それを主語にして「自分がうんぬんしているときが幸福である」と定義できるはずがありません。

　では自分の幸福（自分というものが存在しないのですから、自分の幸福などないことになります。しかし、もしも〝自分〟といえるものを認めるなら、それを「仮の自分」と呼ぶことができます）とはどのような状態をいうのでしょうか。それは、他人が幸福になるように努力すること、そしてそれが達成されて他人が苦から逃れて楽になる状態、すなわち幸福になったことを喜ぶこと、これが〝自分〟の幸福であるといえるのではないでしょうか。もしもこれが〝自分〟の幸福であるとするならば、他人の幸福を成就するためには幾多の苦をも顧みずそれを引き受けて生きていくことになるでしょう。そこには、苦の連続が待ち受けているかもしれません。もちろん、このように「忘己《もうこ》利《り》他《た》」の精神で生きることができるのは大乗でいう菩薩《ぼさつ》、すなわち大悲《だいひ》闡提《せんだい》の菩薩だけでしょう（大悲闡提の菩薩については一〇七ページ参照のこと）。

　とにかく、苦を滅して楽になるという「苦から楽へ」という一方的な幸福論は、あくまで抜苦与楽の慈悲の中でいわれる「他人の幸福」論であり、この「他人の幸福」の実現を目ざして、苦と楽との間を行き来するところに「〝自分〟の幸福」があるのではないでしょうか。

このような意味で、他人の苦楽と自分の苦楽とは根源的に違うものとしてとらえるべきであると私は最近強く思うようになりました。

言葉を生じる心（想の心所）

人間には、言葉をしゃべる能力があります。それは、「なにか」という追求する心があるからです。なにかそこにものがある。そこで、それに対して心を向けて追求するとき、「ああ、それは鉛筆である」という言葉を発して、それを知覚するようになります。このように「追求する心」は動物にもあるでしょう。でも動物は言葉を話せない。しかし、人間は言葉を話すことができる。それはなぜかというと、人間には「想《そう》」という心所があるからであると仏教は答えるのです。

このように、「想」とは言葉を生じるためになくてはならない心所です。想の原語「サンジュナー」(saṃjñā) には、まとめて知るという意味がありますから、「想」とは、言葉を対象に結びつけてそれがなんであるかと知る統覚作用とでもいうべき心です。

まず、唯識思想が考える「言葉が生じる機構」を、術語を使って説明してみます（次ページの図参照）。

「尋伺《じんし》」とは追求する心、「名《みょう》」とは声となる以前の言葉、「義《ぎ》」とはその言葉が指向する対象、「言説《ごんぜつ》」とは具体的に声となって発せられた言葉です。まず、「想」という統覚作用がも

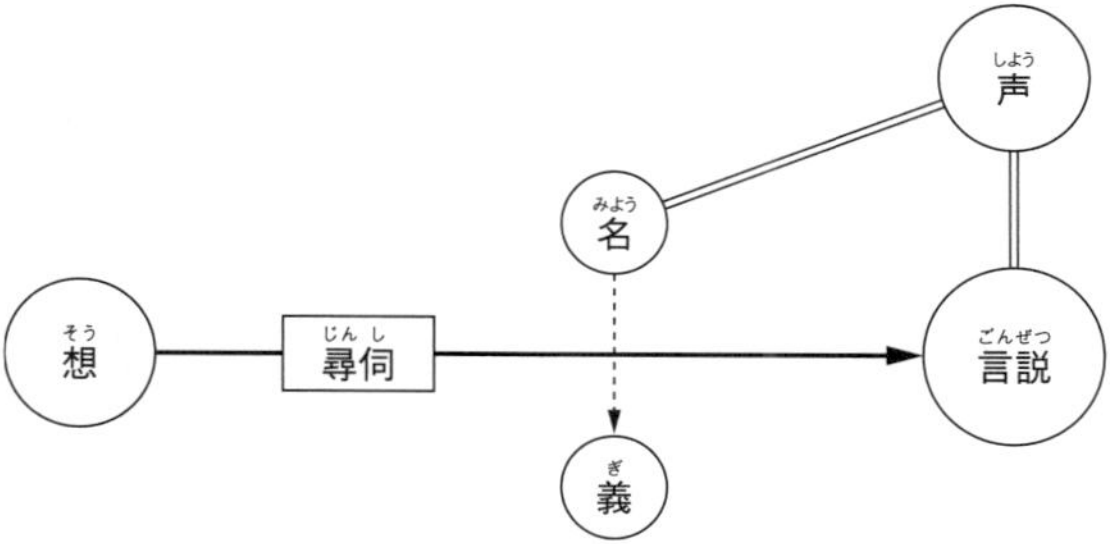

ともとあり、それが追求する心を機縁に働きはじめ、それによって対象に言葉が向かい、その結果、具体的な言葉が生じます。「声《しょう》」となる以前の言葉、すなわち「名」は、部派仏教の説一切有部《せついっさいうぶ》は心でも色でもないもの(不相応行《ふそうおうぎょう》)として存在すると考えますが、唯識派はそれは潜在的には阿頼耶識の中の種子[1]として存在し、顕在的には声の屈曲であり、名にしても言説にしても心や声を離れては存在しないという見解をとります。

ここで「尋伺」、すなわちなにかと追求する心、問う心について考えてみましょう。

私たちの中にはいろいろな疑問詞が起こってきます。「いつ」「どこで」「なにのため」「なぜ」「なに」「いかに」などと問います。しかし、これらのうちでもっとも根源的な問いは、「なに」です。例えば「自分はいかに生きるべきか」と問う前に、まずは生きる主体である「自分とはなにか」と問うべきです。なぜなら、その生きる主体である自分をはっきりと見極めなくては、生きる方法もわかるはずがありません。自分がなにであるかわからず、いわば幽霊の如き存在であれば、人生の道を誤り迷うことなく生きることはできません。

あの幼児の問う姿勢に学ぼうではありませんか。言葉を覚えはじめた幼児が、「ママ、あれなに、なに」とうるさいほどに問い続けて母親を困らせている風景によく出会います。幼児は純粋です。なにもわかっていない。知らない。だから問い、追求し続けるのです。

ところで、大人になるとどうでしょうか。分別がついて、もうなにごともわかっていると思い（正確にいうと、思い間違って）、問うことを忘れてしまいます。

「自己を確立したい」とよくいわれます。「よし、確立するぞ、実現するぞ」、と意気込みますが、そのような意志を起こす主体が「なに」か、これがわかっていないのですから、なんらの結果も出ません。たとえある結果が出たとしても、それは自己を苦しめ、他者をも悩ますことにもなりかねません。

「自己とはなにか」だけではありません。「他者」とは、「自然」とは、「宇宙」とはなにか、そしてそれらすべてをひっくるめて「存在」とはなにか、という究極の問いかけを忘れてはならないでしょう。

朝、目を覚ます。そこで、「はて、きょうはなにをすべきか。どういう予定があったか」と考えます。これは当然かもしれません。でも時には、「自分はいったいなにか、また目覚めて再び引き戻されたこの世界はなんなのか」と問いかけてみようではありませんか。

ほんとうに目覚めて、いまここに、この世界の中に生きているということは不思議なことです。よく「不思議な出来事が起こった」「UFOらしき不思議な物体が飛行した」などといいますが、しかし、そんなものが不思議であると思う前に、いまここに自分がいる、生きているということ自体が不思議であるということに気づくことが大切です。

眼を開けてみましょう。すると大は星々が輝く大空から、小は加速器を通せば素粒子までも見ることができます。これもまさに不思議なことです。なぜなら、眼の器官、それによって見られる物体も、いずれも原子・分子から構成された物質であるのに、なぜその両者が認識関係に入ったとたんに、視覚が生じ、色あり形ある、まさに無限の変化に富んだ世界が一気に現出するのでしょうか。これはまさに不思議な出来事以外のなにごとでもありません。

この不思議な出来事を生み出す〝自分〟とはなにものか、そして生み出された自然、世界、宇宙はいったいなんなのか、と問いただしてみようではありませんか。

先日ある仏典を読んでいると、「尋求《じんぐ》観察《かんさつ》の心は惑《わく》を断ずる」という文句に出会い、まさに天啓に打たれた感がしました。ああそうだ、いかなる苦しみや悩みがあろうとも、「なに」「なに」と追い求める心があるならば、それが苦悩の消え去っていく出発点であるとその文句から教えられたからです。「いかに生きるか」と問う前に、心の底から「いったいなんなのか！」と叫んでみましょう。すると不思議なことに、本気で追求しようとする意欲がわいてきます。言葉が、叫びが深層に潜む普遍的な意志を引き出してくれるのです。「なにか」「なにか」と童心に戻って叫び続けるとき、生きる勇気がわいてきます。

次に言葉の働き、力について考えてみましょう。まことに言葉はものを生み出すすごい力を持っています。例えば、「自分は死んだらどうなるのか。地獄に堕ちるのか。いや、全く無になってしまうのではないか。できれば極楽に生まれたい」と、考えて悩み苦しみますが、これはなにも深く考えることなく、「思い」と「言葉」とが織りなす世界の中で右往左往しているのです。

ここで冷静にしばらく考えてみましょう。「自分」「死ぬ」「地獄」「極楽」「生まれる」「無になる」という言葉に対応するものが、あるいはありようがほんとうにあるのでしょうか。「自分」については、すでにそれは言葉の響きだけがあるにすぎないということを検討しました。「死ぬ」はどうでしょう。ここには時間が設定されています。いま生きているがいずれ死ぬのだと、現在と未来とが考えられているからです。「地獄」「極楽」、ここには空間が設定されています。

ところで、時間とか空間とかは、はたしてほんとうに自分を離れて存在するのでしょうか。カントは、時空は認識する側の先天的直観形式であると主張しました。二十世紀になって、アインシュタインが時空は相対であることを発見しました。仏教も時間（時）と空間（方）とは存在するもの（諸法）によって仮にあるものにすぎないと説きます。もはや自分を離れて等速に流れる絶対時間と無限に広がる絶対空間との存在を認めることはできません。それなのに、死んだら地獄か極楽かと悩んでいることは言葉に翻弄されているにすぎないのです。

時空だけではありません。いちばん問題なのは「ある」か「ない」かという言葉です。有か無かと考えること、これが迷いと苦しみの根本原因となるのです。

静かに心の内に住して観察してみましょう。すると、言葉が一切の現象をつくり出していることに気づきます。言葉と現象との関係を深く考究した唯識派は、後に述べるように、阿頼耶識の中の種子をすべて「言葉の種子」、すなわち「名言種子《みょうごんしゅうじ》」と命名するに至ったのです。とにかく、言葉で考えるとおりにはものごとは存在しない。この事実を自ら心の中で確認し気づくとき、世界は大きく変貌してきます。いままでと違った世界の中で、少しはより自由に生きることができるようになります。

このように、言葉を生じる根源的な心所は、結果として言葉による迷いや誤謬《ごびゅう》を生むことになるという点では否定的な心作用です。

欲望ないし誓願を生じる心（思の心所）

「思《し》」とは意志です。意志があってはじめて行為が成立します。意志なきところに行為は起こりません。思なきところには業《ごう》はありません。だから、この「思」のありようが善か悪かによって、業が善か悪かが決まってきます。もしも悪い「思」であればそこに悪業が展開され、後に述べますように、その業は阿頼耶識に種子を植えつけ、その種子が深層で知らず知らずのうちに生育して、また再び芽を吹いて表層心に上ってくるのです。

ところで「思」、すなわち意志を善なるものにするには、善き目的、目標を持つことが要請されます。なんらかの目的を立てることによってそれに向かおうとする意志が生じ、それが行為となって展開していくからです。目的、大きくいえば人生の目的をなにに設定するか、これこそが生きるうえにおいていちばんの肝要事です。

いま、意志と言いましたが、それを「欲望」と、否、もっと広い概念を用いて「生きるエネルギー」と言い換えてみたい。この根源的な生きるエネルギーがなければ、人間は生きていけません。しかし、ソクラテスの「人間は単に生きるのではない、善く生きるのである」という言明のように、善を求め、善を行おうとするのが人間の生の営みです。

ところで善というと、なにか堅苦しく、またその内容がはっきりしません。そこで、これを「幸福」という言葉で置き換えてみたいと思います。この幸福を実現するために、自己の中にある先天的なエネルギーをどのような内容のものとして消費するか、これが生きるうえで問われるべき大きな問題です。

次ページの図を見てください。いちばん下ではエゴに満ちた欲望として消費されています。それでは、その行為が相手を傷つけ、悩まし、そして自分をも汚していきます。それが上にいくほど、すなわち他者の存在に目覚め、同時にエゴ心がしだいに小さくなるにつれ

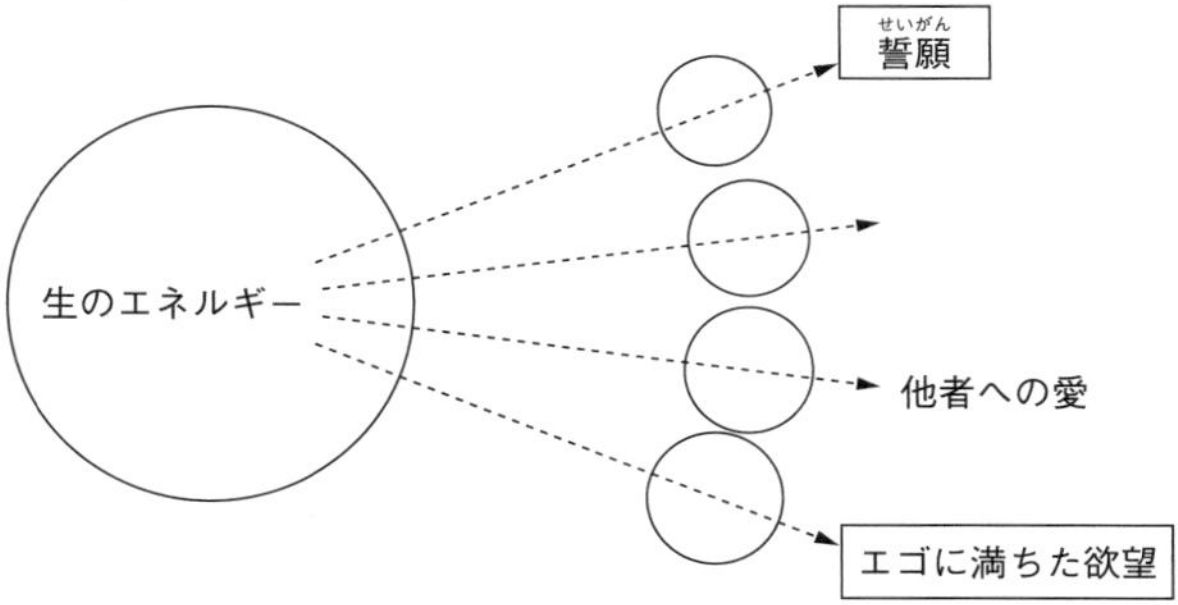

て、発揮される生のエネルギーの内容が違ってきます。縁起の理にしたがって生かされているという事実がますます理解され、感謝の気持ちが増し、その結果、生のエネルギーが他者のために使われはじめます。

　そのエネルギーをなんと呼ぶことができるでしょうか。同情、愛、思いやり等と呼ぶことができるでしょうか。しかし、この段階でもまだエゴ心に色づけされています。男女の愛、親子の愛、それが純粋無垢で無私無欲の愛でないことは、少し反省してみればだれしもが認めざるをえないことです。

　いちばん上の「誓願《せいがん》」、しかも菩薩の誓願こそ全くエゴ心がなく、純化され切った心の中に起こる生のエネルギーであるといえるでしょう。菩薩に「大悲《だいひ》闡提《せんだい》の菩薩」という考えがあります。大悲とは詳しくは大慈《だいじ》大悲《だいひ》といい、小慈小悲《しょうじしょうひ》に比せられるものです。

　闡提とは一闡提といい、サンスクリット語の「イッチャーンチカ」(icchantika「欲する」の意味)の音訳で、涅槃《ねはん》に入ることを拒んで生死《しょうじ》に住し続けることを欲する人のことです。すなわち、自分は悟ることなく、涅槃に入ることなく、生まれ変わり死に変わりしながらこの生死の世界、娑婆《しゃば》の世界で人々のために生き続けようと誓願した人のことです。

なんとすばらしい生き方ではありませんか。生のエネルギー発揮のまさに理想のあり方がここにあると思います。しかし、このような生き方をすることは難しい。でも、このような誓願を持つことは許されていいし、もしも持ちえたら以後の生き方が変わってくるでしょう。

以上、「受」「想」「思」の三つの心所から考えられる生きるうえでの問題を検討してきましたが、ここでこの三つが人間の否定的なあり方を生じる点をまとめてみます。

受……苦楽を感じる↓苦から脱れよう、楽を維持しようと欲する↓執着が生じる
想……追求心と連動して言葉を生じる↓誤った判断や思考が生じる
思……目的を生じる↓悪い意志を起こす↓悪い行為（悪業）が生じる

右のまとめを見ながら、次のように問いかけてみたらどうでしょうか。

①自分の苦と楽とをどのように受け止めるか。

②なにを追求の対象とすべきか。正しい言葉を用いて正しく考えるには、どうすればよいか。

③善い行為を引き起こす目的と意志とはどのようなものか。

以上のように、「遍行」の心所から私たちはいろいろなことを学ぶことができます。

（1）　阿頼耶識の中の種子といえば、なにか物質的なものを想定しますが、種子とは「親しく果を生じる功《く》能《のう》」（直接結果を生じる力）と定義されるように、事象を生じる心的な特別の力を意味します。

第五章　自我に執われてしまう人間

深層的自我執着心の発見

私たちは、いつも「自分」があると判断して行動していますが、詳しくいえば、この自分という語を用いての判断は①「これは自分である」、②「これは自分のものである」、という二つに分かれます。

ふつう行うのは②の判断です。例えば、「これは自分の身体である、自分の心である、自分の家庭である、自分の会社である、自分の財産である……」と考えます。この場合の「これ」は自分に所属するもの、自分が所有するものです。このような判断からわかるように、なにか対象（身体・心ないし財産等）があって、それに対して「自分の」という所有格を付与して、そこに「自分」というものが設定されるのです。ここにも「対象があって自分がある」という縁起《えんぎ》の理《り》が働いています。だからこそ、すでに繰り返し述べましたように、「自分」というのは言葉の響きがあるだけです。

これに対して、①の判断ははたして可能でしょうか。鏡の中の顔を見て、「これは自分である」と思っても、ほんとうは「これは自分の顔である」という②の判断をなすべきです。

もともと「これは自分である」というものを発見できるでしょうか。それは、自分の手という場合の自分と同じく、どこを探しても発見できません。

それなのに私たちは、「自分は〜である」「自分が〜する」と自分という語を主語にして考え、思い、主張し、争っています。もう一度、「自分とはいったいなにか」という問いを発して、静かに心の中を観察してみましょう。そこに「自分」というものを発見できなかったら、これからは「自分、自分」「私、私」「おれ、おれ」という自己主張をやめようではありませんか。

とはいえ、「自分」という思いと言葉は、なかなか捨て去ることはできません。それはなぜでしょう。

これに対して唯識思想は、深層に、〈末那識《まなしき》〉という自我執着心が働いているからであると主張するのです。

唯識派の人々は、寝ても覚めても自分、自分と思い続ける心を発見し、それを「末那識(1)」と名づけました。

この末那識の説明に入る前に、自我意識（これまで自我執着心と呼んできましたが、いまは一般的な呼び名である自我意識という表現を使います。この場合の意識は唯識思想が説く八識の中の意識ではなく、現代使われている意味での意識です）の種類について考えてみましょう。

まず自我意識には①後天的自我意識、②先天的自我意識、という二つがあります。

①の後天的自我意識とは、生まれてから環境・風習・教育などの外的情報によって獲得された「自分」という意識です。例えば、親から「おまえはなんとだらしがなく、意志が弱い子なんだ」と言い続けられてきたとき、「ああ、自分はそういう人間か」と考えるようになった、そのような「自分」像です。

家庭内だけではありません。教育の場においても「自分」像は形成されます。教師による差別的な教育、また子ども同士によるいじめ等によっても、本来はそうではない「自分」というものがあると思い込んでしまいます。

また、哲学や思想を学ぶことによっても「自分」が形成される可能性があります。例えば、デカルトの「我思う、ゆえに我あり」という有名な命題がありますが、これを知って我、自分というものはあるのだと思う、そのような「自分」です。またインドのヴェーダーンタ学派に「梵我一如《ぼんがいちにょ》」という思想があります。真の自分、すなわち我《が》（アートマン）と宇宙の根源である梵《ぼん》（ブラフマン）とは一体であると知ることによって生死輪廻《しょうじりんね》の苦から解脱《げだつ》することができるという思想ですが、これを学んで、「そのような宇宙の根源と同一の真の自分があるのだ」と考えるときの「自分」です。

以上、例に挙げてきた「自分」像はすべて生まれたあとに身についた自我意識です。そして、これらはすべて表層の意識の働きによるものです。

これに対して、先天的な自我意識があります。例えば、生まれた直後の乳児は母親のお乳を飲みます。もちろんそれは動物にもある本能的な行為かもしれませんが、その行為の背後には自我の萌芽が生じていることは確かです。

私は生命あるものとは「自と他とが対立した存在」と定義しています。以前、学生時代の実験のときに経験したことですが、あの原始生物のゾウリムシは、近くに自分に適した食べ物があると、それに向かって進み、それを体内に採り入れてしまいます。植物も周りの環境が悪ければ枯れてしまいます。このように、ゾウリムシや植物の中にも明らかに「自」と「他」とを分離せしめるなにかの要因があることは確かです（現代の遺伝子学からすれば、そうせしめているのはＤＮＡであるといえるでしょうか）。

また、これまで繰り返し行ってきた実験、すなわち手を見て「これは自分の手である」と考えるときの「自分」ですが、その自我意識は先天的なものです。もちろん「自分」という言葉は後天的に覚えたものですが、言葉なしで自分に執着することもあります。例えば、抱き癖がついた赤ん坊は一人で寝かせられると泣き出すという現象をこの例として挙げることができます。成長するにつれて感覚が鮮明となり、思考する力がつき、そして言葉を覚えることによって、ある対象を、例えば身体を見て「自分だ」「自分のものだ」という思いがますます強くなってきます。

ところで、なぜそのように考えてしまうのでしょうか。それは、人間には生まれ持ったそのような働きがあるからである、と答えざるをえないでしょう。

それからさらに思考を深めていくと、手などを見て自分のものと考えざるをえないのは、心の深層に、表層心では気がつかない深層の自我意識があるからかもしれないという推測ができます。事実、唯識派の人々はヨーガを修して内面に沈潜し、そのような自我意識を発見しました。そして、それを末那識と命名したのです。以上の、後天的と先天的との二つの自我意識を術語でまとめると、左のようになります(2)。

- 倶生《くしょう》の我執《がしゅう》
  - 第七末那識が第八阿頼耶識を縁じる――常相続
  - 第六意識が識所変の五蘊《ごうん》を縁じる――有間断
- 分別《ふんべつ》の我執――第六意識が
  - 邪教所説の蘊の相を縁じる
  - 邪教所説の我の相を縁じる

ところで、なにかを対象として「自分」が生じるのですが、では、この末那識はなにを対象として自分と執着するのでしょうか。これに対して唯識派は、「阿頼耶識《あらやしき》を対象として自分と思う」と答えます。しかし、これは深層での出来事ですので、表層の心の波を静めて内心深く沈潜しなければなかなかわかりません。そこで、『成唯識論《じょうゆいしきろん》』では末那識が存在する証明として六種を挙げています。一つひとつの解説は煩瑣《はんさ》になるので省略して、その中の二つを紹介しておきましょう。

①一つは、私たちの行為は常に自分が主体となっており、その行為が自分に跳ね返ってきます。ろうそくが光を与えっぱなしであるように、私たちは行為に使うエネルギーすべてを他者に与えることはできません。善いことをする。そのとき「善いことをしたのだ」という思いが残る。ボランティア活動をまじめに真剣に行えば行うほど、自己満足心の存在に気づく。このように、私たちの表層の心や行為が常にエゴ心（我執）で濁っているのは、深層に自我執着心が、すなわち末那識が働いているからである。

②私たちは、根本的真理を知っていない。生まれる以前の自分はなにであったか、いま生きている自分の本体はなにか、宇宙の真の姿はどのようなものか、こういう問題に対して私たちはなにも知っていないと告白せざるをえない。それはなぜか。それは、常に自分、自分と思い続ける自我執着心が、すなわち末那識が深層で働いているからである。

ところで、仏教は無我《むが》を説くが、我がなければ生きていけないのではないか。末那識は深層に働く自我執着心であるとしても、人間が生きていくためには自我への執着が必要ではないか、という疑問についてしばらく考えてみましょう。

確かに自分を意識し、それを行為の中心に据えてさまざまな欲望を持たないかぎり、人間は生きていけません。しかし、問題はそのような自我執着心に基づく欲望が、他人をも苦しめるような欲望であるならば、それは否定されるべき欲望です。例えば、資本家が財力にまかせてもっとお金を稼ぎたいという欲望を持つ。それによってますます財を増やすとすると、お金を搾取された人は苦しむことになります。そのような金持ちの過度な欲望は許されるものではありません。

また、現在問題となっている「なぜ人を殺してはいけないのか」という問いかけの中でこの問題を考えると、人を殺したいという欲望とそれに基づく殺人行為とは他者を苦しめることになるから、人を殺してはいけないのだ、と容易に結論がつきます。また人に迷惑をかけなければなにをしてもいい、という風潮がいまの若者の間にあります。しかし、人に迷惑をかけないと思っている行為の中で、ほんとうに迷惑をかけないようなものがどれだけあるでしょうか。

人間は、実体的にあるのではなく関係的にあるという、あの「縁起の理」に則して世の中を眺め直してみると、だいぶ自分の生き方が変わってくるのではないでしょうか。

生の欲望は善でも悪でもない

次に、「自我執着心は悪い」といいますが、この執着心が悪いかどうかという問題を考えてみます。仏教では善悪の価値判断として次の三つを立てます。

一、善である（善）
二、悪である（悪）
三、善でも悪でもない（非善非悪）

このうち、善か悪かという判断はふつうなされますが、最後の善でも悪でもないという判断は仏教独自のもので、無記（善とも悪とも記別できないという意味）といいます。

ところで、深層の末那識と阿頼耶識とは、価値判断としてはこの無記に相当します。すなわち、「深層に働く末那識と阿頼耶識とは善くも悪くもない」と唯識思想では判断するのです。その理由は、この二つの識が深層心であるがために、表層の第六意識が関与しない心の領域であるからです。すなわち、「自分」という意識をはっきりと持った第六意識の働きによってのみ、善か悪かという行為が展開されうるという立場をとるのです。この見解は重要です。「生きていく根源的なエネルギーとなる深層の自我執着心、すなわち生きていること自体を支えている欲望は、善くも悪くもない」というこの見方の意味することを、身近なこの己の命を具体的に感じつつ、静かに考究してみましょう。「欲望」という語の意味がより深く理解できるようになるかもしれません。

このように、末那識は善でも悪でもない。しかし、それは「汚れた心」であるという意味で否定的な価値判断がなされます。なぜなら、この末那識には、常に、〈我癡《がち》・我見《がけん》・我慢《まん》・我愛《があい》〉という四つの煩悩《ぼんのう》が共に働いているからです。〃自分〃とはなにか、私たちはなにも知っていません。それなのに例えば、手を見て「自分の手だ」といってそこに「自分」があると思います。そして、その設定した自分を他人と比較して自分は優れていると慢心を起こします。さらにその自分に愛着を感じ、死に臨んで死にたくないと苦しみます。以上の四つの心を順次、「我癡・我見・我慢・我愛」といいます。

この四つの煩悩は、これ以外の表現がありますが、このように「我」を用いて表現し、整理したのは世親《せしん》の『唯識三十頌《ゆいしきさんじゅうじゅ》』においてです。自分というものに迷い、自分に執着する心をみごとにまとめたものといえるでしょう。

このような自分への迷い、ないし執着は、もちろん具体的に表層の六識の領域で起こるのですが、それが表層で起こりうるのは、深層にある末那識[3]が、この四つの煩悩と共に働き、常に粘っこく自分、自分と思い続けているからです。

汚れてはいるが善くも悪くもない深層の自我執着心、そしてそこに源を発する欲望、これが表層の心を濁して、そこではじめて自己だけではなく他者をも苦しめる悪い行為（悪業）が生起します。では、そのような悪業がなされないためにはどうすればよいのか。これを唯識の教理に学んでみましょう。

まず、例えて考えてみましょう。泉からわき出る水が汚れているとします。それを澄んだ水にするためには、わき出てくる底にたまっている汚物を取り除かねばなりません。それと同じく、表層の心の汚れを除去するためには、深層の阿頼耶識の中にある汚れた種子《しゅうじ》を、すなわち末那識を生じる種子を除去する必要があります。しかし末那識はいわば「生の根源的なエネルギー」ですから、そのエネルギーをなくしてしまうと生きていけません。そこで唯識思想は、末那識そのものをなくすのではない。その「識《しき》」のありようを「智《ち》」に変化せしめようではないかと主張するのです。この「識」から「智」への変化を、〈転識得智《てんじきとくち》（識を転じて智を得る）〉といいます。まさに唯識思想が目ざす人格の変革は、この「転識得智」の一語に尽きます。これを種子の段階でいえば、末那識を生じる汚れた種子を焼き、清らかな智を生じる種子に肥料を与え、それを芽吹かせることです。

いま問題としている末那識についていえば、〈**末那識を転じて平等性智《びょうどうしょうち》を得る**〉といいます。「平等性智」とは、自分と他者とは平等であるとみる智慧《ちえ》のことです。それは表層心で概念的に「他人と自分とは同じなのだ。だから人を愛し、慈しまなければならない」と思うような心ではありません。それは心の根っ子から自他平等である事実を見抜いた智慧です。もちろんこれは、凡人にはない智慧です。ただ、イエスや釈尊、そして最近では、非暴力主義・無抵抗主義を貫いてインドを独立に導き、そして凶弾に倒れながらも「汝を許す」と言いつつ死んでいったマハトマ・ガンジー、そして癒しの館を建て、路上で死にゆく人にも救いの手を差し伸べたマザー・テレサという人々のみが持ちえた智慧といえるでしょう。とはいえ、我も人です。「よし、この智慧を理想として人生を歩みはじめよう」と決意するところに道は開けてくるでしょう。

では、どのように歩めばよいのでしょうか。それを唯識思想に学んでみましょう。

まず、理解しやすくするために、まとめてみます。

正聞熏習《しょうもんくんじゅう》する――→平等性智を生じる種子に肥料を与える
無分別智《むふんべつち》の火を燃やす――→末那識を生じる種子を焼き尽くす

前述したように、正しい教えを正しく繰り返し聞くこと（正聞熏習）は、阿頼耶識の中にあるすばらしい可能力に肥料を与えて目覚めさせることになります。例えば、いま述べた転識得智（末那識を転じて平等性智を得る）、あるいは大悲闡提《だいひせんだい》の菩薩《ぼさつ》（衆生《しゅじょう》済度のために、自分は決して涅槃《ねはん》に入ることなく、生死輪廻《しょうじりんね》し続けると決心した人）などの教えを聞くことによって、「よし、そのような智慧を得よう、そのような菩薩の生き方を目ざそう」という誓願《せいがん》を起こすようになります。そしてその誓願に基づいて、具体的に無分別智の火を燃やしつつ社会の中で、人々のために生きる菩薩行を展開するようになります。

無分別智とは、「自」と「他」とその両者の間に展開する「行為」との三つを分別することのない清浄《しょうじょう》な智慧です。

例えば、ある人にあるものを施すとします。ふつうは「私があなたにこれを施した」と意識しますが、その「私」も「あなた」も「施す」も分別することなく、しかも他者に施すことが無分別智に基づく布《ふ》施行《せぎょう》であります。その施すことが表層では利《り》他行《たぎょう》となりますが、このように無分別智で行動することが、いわば火となって深層に潜む汚れた種子を焼き尽くしていくことになります。すなわち、利他行が自《じ》利行《りぎょう》になるのです。

深層心は一日、二日では変わりません。しかし「正聞熏習」と「無分別智行」とを一年、二年と続けていくと、知らず知らずのうちに、心が深層から浄化されていきます。「教《きょう》」から入って「行《ぎょう》」へ、そして最終的に「証《しょう》」に至るという雄大な仏の道を歩もうと決意を起こすとき、必ずや勇猛果敢に人生の道を開拓していくことができるものと私は確信しています。

私たち現代人は、ものや情報にかき乱され、生のエネルギーを間違った方向に消耗して、幾多の問題を抱えてしまいました。平等性智、これは仏の智慧であります。でも一人ひとりの人間が、親が、子どもが、教育者が、経済人が、政治家が、この智の獲得を目標にして、一日一日、少しずつでも己の末那識を削りつつ人々のために生きるとき、崩壊寸前の現代社会は再生へと方向転換できるものと信じています。

（1）末那識の末那はマナス（manas）ですので、原語として末那識はマノー・ヴィジュニャーナ（mano-vijñāna）となり、これは意識と同じ語ですが、そのmanasを意と訳せば意識と同じ訳語になります。したがって「末那《まな》」と音訳をしたのです。世親《せしん》の『唯識三十頌《ゆいしきさんじゆうじゆ》』の中には、「末那と名づけられる識」という表現があります。

（2）「倶生《くしよう》の我執《がしゆう》」が先天的な自我意識、「分別《ふんべつ》の我執」が後天的な自我意識にあたります。倶生の我執の中、「第六意識が識所変の五蘊《ごうん》を縁じる」とは、前述したように身体等を見て「自分」と考えざるをえないそのような自我意識です。分別の我執の中の「邪教所説の蘊の相を縁じる」とは、五蘊が集合してできた仮のこの身を我であると考えること。「即蘊《そくうん》の我を計する」ともいいます。「邪教所説の我の相を縁じる」とは、小乗の犢子部《とくしぶ》が非即非離蘊《ひそくひりうん》を我であると考えること、あるいは前述したヴェーダーンタ学派が説く梵我《ぼんが》一如《いちによ》の我、あるいはデカルトの説く我《われ》などを聞いて、そのような我《が》があると考えることです。

意識に第六、末那識に第七、阿頼耶識に第八とつけるのは、八識が眼識《げんしき》・耳識《にしき》・鼻識《びしき》・舌識《ぜつしき》・身識《しんしき》・意《い》識《しき》・末那識・阿頼耶識の順番で説かれるからです。感覚にあたる初めの五識《ごしき》をまとめて前五識といいます。

（3）以上、検討してきた末那識がほかの識と相違する特徴をまとめると、次のようになります。

①恒審思量《ごうしんしりよう》である。

②阿頼耶識を縁じる。

③常に我癡・我見・我慢・我愛の四煩悩と倶起《くき》する。

恒審思量とは、寝ても覚めても、さらには生死輪廻するかぎり、つまびらかに執拗に自分と思い続けることです。

第六章　すべてのものは心が生み出す

リンゴの色と形とは心の中にある

赤いリンゴを見る。そのとき素朴な実在論者でしたら、赤い色と丸い形は外界にあると思いますが、実際にそうでしょうか。例えばロック(1)は、事物の属性を第一次属性と第二次属性とに分け、前者はもの自体に必然的に属し、それなしではものの存在は考えられないような性質であるとし、そのような性質として、延長と不可入性、運動と静止、図形と数とを考えました。それに対して、後者は内にある性質で、色、音、臭いや味などの感覚がそれにあると主張しました。ヨーロッパにおいては、近世になってはじめてこのような議論がなされるようになりましたが、インド仏教においては、すでに紀元後三、四世紀ごろにこの問題に関して各学派間で激しい論議が展開されました。そして唯識《ゆいしき》派は、すべてのもの（例えばリンゴ）とそのものの属性（例えばリンゴの赤色、丸いという形）とは、心の中の影像（相）であるという見解をとるに至りました。

静かに心の中を観察してみると、これは事実です。なぜなら、すでに繰り返し述べたように、私たちは一人一宇宙《ひとりひとうちゅう》であり、自分の宇宙の外に抜け出ることができないからです。だから、たとえ外界にリンゴがあるにしても、そのリンゴそのものを見ることはできないのです。したがって、いま見ているリンゴ、そしてその赤い、丸いという属性は、すべて心の中につくり出された影像であると結論せざるをえません。

　ところで、すべてをつくり出すのですから、山や川といった自然も心の中に影像としてあることになります。では、そのような影像はどこから生じるのかという問題が起こります。これに対して、例えば主観的観念論の立場をとるバークリーは、自然の影像、すなわち観念は神の内にあり、神から与えられるものであると考えるのです。

　しかし、神のような超越者を立てない唯識派は、深層の阿頼耶識《あらやしき》からすべてのもの、一切のものが生じると説くのです。一切のものには、自分の身体、身の回りの生活道具、山や川などの自然、さらには遠くにある星々などの、いわゆる「もの」といわれる存在、さらには視覚ないし触覚の五感覚（眼識《げんしき》・耳識《にしき》・鼻識《びしき》・舌識《ぜっしき》・身識《しんしき》）と思考する心（意識《いしき》）など、すなわち「心」といわれるもの、これらすべてが含まれます。さらには、迷いも悟りもこの阿頼耶識から生じると説きます。そのように一切の存在を生じる力、それを植物の種子に例えて種子《しゅうじ》と呼び、阿頼耶識はそのような種子を有しているから、別名、〈**一切種子識**《いっさいしゅうじしき》〉とも命名しました。

　阿頼耶識を「宇宙を形成する根本心」と定義することもできますが、この場合の宇宙とは、自然科学でいう宇宙ではなく、一人一宇宙の宇宙、阿頼耶識から、一切種子識からつくられた宇宙、その中に自分が閉じ込められている、自分にとっての具体的な宇宙を意味します。

まず、阿頼耶識の働きを項目別に挙げておきましょう。

①過去の業《ごう》の結果を貯蔵する。
②現在と未来とのすべての存在を生じる。
③肉体をつくり出し、それを生理的に維持している。
④自然をつくり出し、それを認識し続けている。
⑤生死輪廻《しょうじりんね》の主体となる。

このうち、③と④とは章を改めて解説することにして、残りの三つの働きについて考えてみましょう。

過去の業の貯蔵庫

ある人をいったん憎むと、その憎しみがひとりでにますます昂《こう》じていくことがあります。いやな出来事に遭うと、暗い気持ちが続きます。人間関係の不和はストレスを生じます。このようなことが起こるのは表層の心のありよう、すなわち業がなんらかの影響をその行為者に残すからです。その影響が植えつけられる場所、それがあることを唯識派の人々はヨーガという実践を通して発見し、それを阿頼耶識と命名しました。そして、阿頼耶識の中に植えつけられた影響を植物の種子に例えて「種子」と名づけました。

阿頼耶識は原語「アーラヤ・ヴィジュニャーナ」(ālaya-vijñāna)の音訳ですが、阿頼耶にあたるアーラヤは蔵・倉庫という意味ですから、したがって「蔵識《ぞうしき》」と意訳されます。すなわち、阿頼耶識とは植えつけられた種子を蓄える蔵としての識ということになります。たしかに、質量不変の法則にも似た「業不滅の法則」はあります。それが人間の行為に働き、一瞬一瞬の顕在的業のエネルギーは決して消滅することなく、潜在的エネルギーとして阿頼耶識に蓄えられていきます。そのとき、その顕在的エネルギーが透明な水のように澄んでいればよいのですが、その反対に自分への執着、すなわち我執《がしゅう》に基づく煩悩《ぼんのう》によって濁りに濁った心ですから、その影響を受けて、阿頼耶識もますます濁っていくことになるのです。

心の中でなにか悪いことを考える。まあ、それは他人にはわからないからいいや、と思って人を憎み、嫌う。しかし、他人に気づかれないとしても、その思いは深層心をどんどんと汚していきます。この事実に気づくとき、私たちは(2)愕然《がくぜん》とします。年をとるほど生きることがつらく重くなっていく人は、この表層心と深層心との因果関係に気づかず、あるいは気づいていてもそれを無視して生きてきたつけが回ってきたといえるでしょう。

表層心が深層心を濁す。この理をしっかりと自覚するとき、私たちは生きる姿勢を正そうという気持ちになります。

覚者となる可能力

このように、阿頼耶識は過去の業の結果を蓄えているだけではありません。〈一切種子識〉と呼ばれ、一切を生じる力を持っていますから、当然、現在と未来との存在を生じる力をも持っています。

映画のフィルムが、一瞬一瞬に影像を映し出しては消えていく。だからその影像に動きが出てくるように、私たちの心も阿頼耶識から生じては一瞬にして滅していくから、すなわち表層心は刹那《せつな》に生滅するから、目の前にさまざまな動きのある現象が展開しうるのです。静かに時間の流れの中で心を観察するとき、心は現在の一瞬しか存在しないという事実、すなわち一刹那には幅がなく、心がその幅のない現在という時間にしか存在しえないという事実を確認することができます。この、生じては一瞬に消え去る現在の全現象を生み出すのが阿頼耶識の中にある種子です。

また、未来を生じる可能力をも阿頼耶識は持っています。いま宇宙ステーションの建設が進められています。いずれそこから地球外の星に向かい、そこで人間が住むようになるかもしれません。

また、とうとう人間は生命を操るようになりました。さらにこれからもＤＮＡの解明が進み、いずれ人間は生命をつくり出すことでしょう。ほんとうに人間はすばらしい存在であると同時に、また恐ろしい存在でもあります。

個人のレベルでいえば、仏教においていちばん問題となるのは、迷える私がどうして悟れる仏陀《ぶつだ》（覚者）になることができるのか、その保証はどうしてあるのかという問題です。これに対して、唯識思想は、もともと阿頼耶識の中に覚者となる可能力、すなわち種子が備わっている。だから、それにいわば肥料を与えて生育させると未来にそれが芽を吹いて私も覚者になることができると考えるのです。これは仏性《ぶっしょう》や如来蔵《にょらいぞう》思想に通じる考えです。いま私は迷える凡夫《ぼんぶ》である。しかし、「覚者となる種子」を持っている。まずこれを信じ、次の『梁塵秘抄《りょうじんひしょう》』の中の歌に耳を傾けてみます。

仏も昔は人なりき、我らも終には仏なり、三身仏性具せる身と、知らざりけるこそあはれなれ。

そして、次に道元《どうげん》の言葉をまとめた『正法眼蔵随聞記《しょうぼうげんぞうずいもんき》』の次の文を読むとき、私は勇気づけられます。

示して云く、仏々祖々《ぶつぶつそそ》、皆な本は凡夫《ぼんぶ》なり。凡夫《ぼんぶ》の時は必《かならず》しも悪業《あくごふ》もあり、悪心もあり、鈍もあり、癡《ち》もあり。然《しか》あれども尽《ことごと》く改めて知識に随《したがひ》て修行《しゆぎやう》せしゆへに、皆仏祖《ぶつそ》と成《なり》しなり。今の人も然《しか》あるべし。我が身愚鈍《ぐどん》なればとて卑下《ひげ》することなかれ。今生《こんじやう》に発《ほつ》心《しん》せずんば何の時を待《まつ》てか行道《ぎやうだう》すべきや。今強《しひ》て修《しゆ》せば必ずしも道《だう》を得べきなり。

人間とはほんとうにやっかいな存在です。煩悩《ぼんのう》あり、分別あり、老苦あり、死苦があります。でも同時に、人間に生まれていることはすばらしいことです。あの「三帰依文《さんきえもん》」の冒頭の文、すなわち、

人身《にんしん》受け難し今既に受く。仏法聞き難し今既に聞く。此の身今生《こんじょう》に度《ど》せずんば、更に何《いず》れの生《しょう》に於いてか此の身を度せん。

を唱えるたびに、私は勇気がわいてきます。いま生かされてあるこの「仮の自分」を大切に、努力精進しようという気持ちが起こってきます。

すべてを生じることのできる識、「一切種子識」という考えは、現在の自分の世界と人間の未来の社会とを考えさせるきっかけとなる概念です。

この身は一瞬一瞬生じては滅する

次に、阿頼耶識が輪廻《りんね》の主体となるということについて考えてみます。

仏教には、もともとひとつのジレンマがありました。それは無我《むが》を説きながら同時に生死輪廻を認めるならば、その輪廻する主体はなにかという問いかけが起こるからです。これに対して、原始仏教は「業が相続する」と答えました。これはいわば科学的な目でもって考えた輪廻説であります。仏教以外のバラモン教に属する諸派、あるいは外道《げどう》といわれる思想の中には、霊魂（jīva　ジーヴァ）、あるいは我《が》（ātman　アートマン）の存在を認め、それが輪廻の主体であるという考えが多く認められます。その霊魂、あるいは我は、あくまでありてあるもので、同一なるものとして存在し続け、しかも自分で自分を統御できる力のあるものと考えられたのです。これを、〈常一主宰《じょういつしゅさい》の我《が》〉といいます。

これに対して、釈尊はそのような我、自分というものはないという無我説を主張しました。たしかにこの具体的ないのち、心を観察するとき、そのような自分はどこを探しても発見できません。肉体は一見同じ肉体としてあり続けるようにみえますが、衰えた細胞に代わって新しい細胞が次々とできています。もうだいぶ以前に、ＮＨＫで放映された「驚異の小宇宙――人体」という番組で、小腸の表面には栄養を血液の中に採り入れる無数の栄養吸収細胞があり、それは毎日たいへんな役目を果たすため、一日で滅びていくが、しかしその下から次々と新しい細胞が生じてくるということを知り、驚き、かつ感動しました。細胞だけではありません。血液も三ヵ月で全く新しい成分に替わるそうです。また、心が無常であることは容易にわかります。泉からわき出る水の如く、生じては流れ去っていくもの、それが心です。

また、「肉体よ、衰えないで」と願っても、その無常を止める力は自分にはありません。心も意志とは無関係に次々と雑念が起こってきます。そこに自分で自分を統御できる、すなわち主宰できる、そのような自分はありません。

このように、「常一にして主宰なる我」などどこにも存在しないから無我である。しかし、生じては滅していく業の相続体があり、それがこの一生を生き、それが未来にも続いていくと釈尊は説かれたのです。

例えば、無風の場所で燃えるろうそくを見ると、そこに同じ一つの火があると思いますが、実は一瞬一瞬に生じては消えていく不連続の連続体があるだけです。事実を事実として見たとき、「刹那《せつな》に生滅する業の相続体がある」といわざるをえないし、このような見方のほうが、プラトンが霊魂はある、デカルトが精神はあるとみる見方よりも、より科学的な見方ではないでしょうか。

このように、実は科学的であるにしても、業の相続体が輪廻の主体であるということは、なかなか納得できません。そこで部派仏教の時代になると、輪廻の主体として赤銅部《しゃくどうぶ》が「有《う》分識《ぶんしき》」、大衆部《だいしゅぶ》が「根本識《こんぽんじき》」、化地部《けじぶ》が「窮生死蘊《ぐうしょうじうん》」などを説きました。しかし、いずれも満足できるような説ではありませんでした。そのため、唯識派が阿頼耶識こそが輪廻の主体であると主張することによって、この問題に一応の結論が得られたのです。

しかしここでまた、阿頼耶識が輪廻の主体であれば、それは「我」のようなものであり、無我説に反するのではないかという問題が生じます。この非難は阿頼耶識を立てた唯識派の人々も予想していました。そこで『解深密経《げじんみつきょう》』には、

阿陀那識《あだなしき》は甚《はなは》だ深細《じんさい》なり、我凡と愚とに於ては開演せず、一切《いっさい》の種子《しゅうじ》は瀑流《ぼうる》の如《ごと》し。恐《おそ》らくは彼分別《かれふんべつ》し執《しふ》して我《が》と為《な》さんことを。

と説かれているのです。理解力のない人は、阿陀那識《あだなしき》（阿頼耶識の別名）と聞けば、それは我であると考え間違ってしまうことを恐れて、これまで説かなかったというのです。では、どうして阿頼耶識は我ではないか。これに対して、『解深密経』では「瀑流の如し」と、また『唯識三十頌《ゆいしきさんじゅうじゅ》』では「暴流《ぼる》の如し」という例えで答えています。すなわち、川の流れを目で見れば、常に流れている「水」があるように思いますが、それは視覚による思い間違いです。川の流れに手を浸けてみましょう。すると水は刻々新しい水になっていきます。すなわち、そこには刹那に生滅する不連続の連続体としての水があるだけなのです。これと同じく、阿頼耶識も実体として常にあり続けるのではなく、刹那に生滅する不連続の連

続体としての心があるだけであるというのです。後に『成唯識論《じょうゆいしきろん》』では阿頼耶識の中の種子がそのように刹那生滅しながら相続するととらえ、それを「種子生種子《しゅうじしょうしゅうじ》」（種子が種子を生じる）と表現するようになりました。

これによって、唯識派は、表層心のみならず、深層心をも含めて、心全体を一大エネルギーの変化体であるととらえていることが判明しましたが、この心のありようを的確に表現したのが、世親《せしん》が『唯識三十頌』の中で用いた「識の転変」という語です。

ところで、いま私は人間としての阿頼耶識を持っていますが、今生における私の業のあり方が善であるか悪であるかによって、来世の私の生存状態が、例えば人間か天か、それとも地獄か餓鬼《がき》かということが決まるという原始仏教以来の考えを、唯識思想は阿頼耶識の種子の領域で説明するようになりました。

言葉の種子

ここで阿頼耶識の中の「種子」の検討に移りたいと思いますが、まず種子には①名言種《みょうごんしゅう》子《じ》、②業種子《ごうしゅうじ》、の二種があります。このうち、まず「名言種子」について考えてみましょう。『解深密経』ではじめて唯識説が提唱されて以来、阿頼耶識の中の種子とはなにかということが追求されてきましたが、しだいに種子とは言葉としての、もっと厳密にいえば、言葉によって色づけされた種子であるという考えが強まり、最終的に『成唯識論』で、〈名言種《みょうごんしゅう》子《じ》〉という概念がつくられ、しかも阿頼耶識の中の種子はすべて「名言種子」であるという考えにまで発展しました。

この「名言種子」という概念に至るには、多くの仏教論師による言葉への考究の歴史があったのですが、それはすべて釈尊の、「生死は戯論《けろん》なり、涅槃《ねはん》は無戯論なり」という言明への解釈の歴史であったといえるでしょう。「生死は戯論なり」とは、言葉によって戯れに語られた世界、それが生死、すなわち苦の世界であるという意味です。言葉がつくり出す世界、それに執着することから苦が生じるということは、すでに繰り返し確認してきました。まことに言葉はものを生み出すすごい力を持っています。

例えば、「私は死んだら地獄かそれとも極楽かどちらに生まれるのだろうか。それとも全くなくなってしまうのだろうか」と言葉で考えたとします。そのとき、この考えの中には「私」という存在と、死後という「時間」と、地獄・極楽という「空間」とが、それがほんとうにあるかどうかを深く思索し、反省することなく、言葉によってつくり出されています。つくり出すだけならまだよいのですが、そのように考えて、恐れ不安がるところに問題があるのです。

静かに心の中に生じる言葉に意識を集中し、それが対象を言いあてているか、否、対象そのものであるかどうかを観察してみましょう。すると言葉は対象そのものとは全く別のものであり、決して対象そのものを言いあてていないことに気づきます。(3)

ほんとうに言葉が一切をつくり出しています。しかも、つくり出された「もの」は本来的には存在しないものなのです。

とにかく、言葉と現象との関係への深い考察の結果として、阿頼耶識の中にある一切の種子を「名言種子」、すなわち「言葉の種子」と命名するに至りました。

静まった心の中で、「私」「身体」「心」「いま」「ここ」「死ぬ」などの言葉を出してみましょう。それらに対応するものが、はたして実在するでしょうか。唯《た》だ言葉、すなわち名があるだけである、ということに気づきます。したがって「唯識」は、〈唯名《ゆいみょう》〉すなわち、唯《た》だ名があるだけであると言い換えることもできます。

業の種子

次に、「業種子《ごうしゅうじ》」について考えてみます。あの三島由紀夫は、死ぬ前に唯識思想を学び、七生報国の精神で自決をしましたが、彼は、阿頼耶識が主体となってそのあり方を変えながら六道を輪廻するという唯識思想の輪廻説を信じたのです。この輪廻説によれば、未来世の生存状態を決定するのが、今生の善か悪かの業によって阿頼耶識の中に植えつけられた種子、すなわち、〈業種子《ごうしゅうじ》〉です。ところで善業と悪業として十善業《じゅうぜんごう》と不善業《ふぜんごう》とがあります。

このうち十善業（不殺生《ふせっしょう》・不偸盗《ふちゅうとう》・不邪婬《ふじゃいん》・不妄語《ふもうご》・不両舌《ふりょうぜつ》・不悪口《ふあっく》・不綺語《ふきご》・不貪欲《ふとんよく》・不瞋恚《ふしんに》・不邪見《ふじゃけん》）を行えば来世は天か人かの善趣《ぜんしゅ》に生まれ、十不善業を行えば地獄・餓鬼・畜《ちく》生《しょう》のいずれかの悪趣《あくしゅ》に生まれるとされています。

善い業をなすと楽なる結果がもたらされ、逆に悪い業を行うと苦なる結果がもたらされるという「善因楽果《ぜんいんらくか》・悪因苦果《あくいんくか》」という因果性を信じる人は、今生の生き方が清められます。いま「清められる」と言いましたが、この点が重要です。もちろん悪をなさず善を行うことは大切です。でも、それのみを目的とするなら善悪にとらわれてしまいます。あくまでもあの『七仏通誡偈《しちぶつつうかいげ》』に、

諸《もろもろ》の悪を作《な》す莫《な》かれ　衆《いろいろ》の善を奉行《ぶぎょう》せよ
自ら其の意を浄めよ　是《これ》が諸仏の教《おしえ》である

と説かれるように、自らの心を浄化することが目的であることを忘れてはならないと思います。悪をなしてはならない。なぜならば、とその理由を考えるとき、キリスト教であれば、「悪をなすことは神が義とされることに反するから」と答えるでしょう。これに対して神のような超越者を立てない仏教は、「悪をなすことは本来持っている清浄な心から逸脱してしまうから」とそれを理由づけるでしょう。「自性清　浄心《じしょうしょうじょうしん》」、これは仏教の善悪観を理解するうえで重要な概念です。

ところで、「業種子」は前述した「名言種子」と別のものではなく、「名言種子」の中で善

業、あるいは悪業によって色づけされ、未来世の生存のあり方を決定する種子を別に一群として立て、それを「業種子」と呼ぶのです。この場合の業とは、善、あるいは悪のいずれかであり、無記（善でも悪でもない）の業は除かれます。なぜなら、価値的に善か悪かのいずれかに色づけされた業によってのみ未来世の生存形態が決まるからです。原始仏教以来説かれる業相続説が、この阿頼耶識の中の業種子という新しい概念を得て、一段と整備されたといえるでしょう。

少し横道にそれますが、輪廻ということを度外視しても、いま、「人間という阿頼耶識」を持って生まれているが、ほかの生物は、その生物としての阿頼耶識を有して生存しているのだと自覚することが大切であるということに触れておきましょう。これに関して唯識思想にある、〈一水四見《いっすいしけん》〉という考えを紹介しておきます。

これは、人間が水と見るものも、人間とは異なった生物がそれを見れば異なったものとして見るという考えです。例えば、人間が水や波として見るものを、天人は琉璃《るり》でできた大地、地獄人は膿《うみ》が充満した河、魚は家宅、あるいは道路と見るという考えです。もちろん実際は不可能なことですが、私がトンボの複眼を借りて周りを見たら、いまとは全く違った世界になるであろうということは想像に難くありません。

「一水四見」という考えは、これまで人間中心主義的に生きてきた人間の生き方に大きな反省をもたらすものです。自然と共生しよう、自然に優しくなどのスローガンを掲げて、いま人類は地球環境問題に取り組んでいます。もちろんこれも大切なことですが、もっと根源的な目でもって「いったいなにか」と問い、人間が「自然」と考えているものがはたして〝自然〟であるのかを、いまここで反省してみる時代がきたのではないでしょうか。

ところで、表層の業によって阿頼耶識の中に植えつけられた種子のありようを考えてみましょう。阿頼耶識の中の種子は、植物の種子が土の中で徐々に発育するように、阿頼耶識の中で発育成長し、縁を得て芽を吹くことになります。このことを現実の出来事と考え合わせてみましょう。

例えば、なにか善いことをしてもその行為の結果がすぐに報われないことがあります。本来はそういうことを考えてはいけないのですが、「私はこれこれしかじかの善いことをしたのに、なぜこのような病気にかかってしまったのだろうか」と不平をいう人がいます。これに対して阿頼耶識説は、植えつけられた種子は、ある潜伏期間[4]を経て芽を吹くことになると説きます。

もともと、仏教の善悪は二世にわたるといわれます。例えば、あることを行ってそれによって来世に弥勒菩薩《みろくぼさつ》が住む兜率天《とそつてん》に生まれることができれば、そのような行為、すなわち業を善業であると判断します。もちろん仏教はもともと無我説を根本的立場としますから、「自分」がより善い天に生まれようと願うことは否定されます。しかし、自分という語を用いれば、「仮の自分」がそこに生まれ、そこで修行して悟り、また再び苦の世界、すなわち

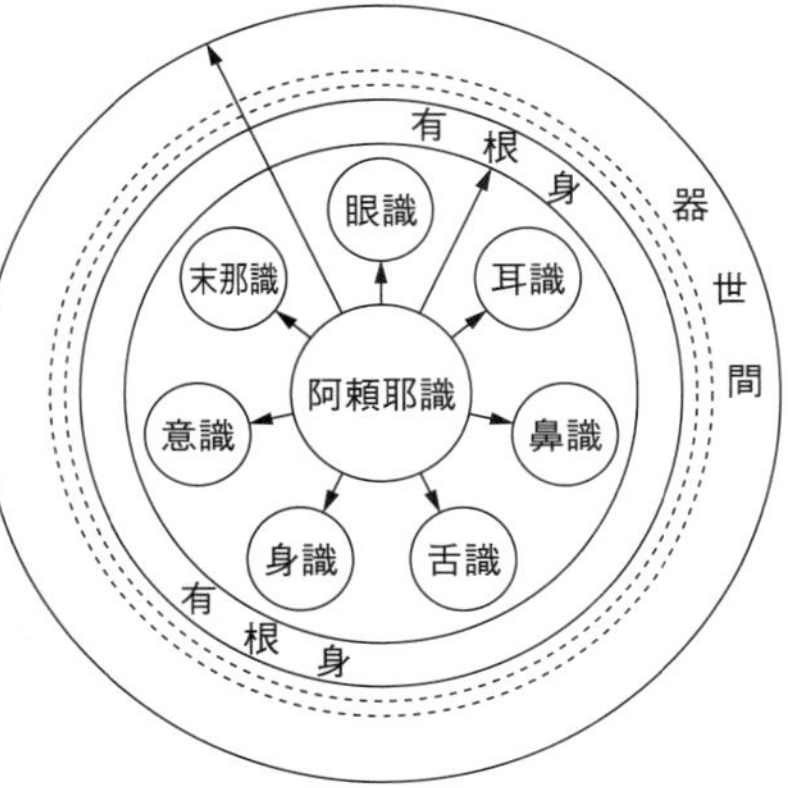

娑婆《しゃば》世界に帰り来たり、苦しむ人々の「幸福」のために、救済のために努力精進するぞ、という菩薩の誓願をもって来世に兜率天に生まれることを願うことは肯定されます。そのような菩薩の誓願を起こして、まずはこの世を生き抜こうというのが大乗の精神です。真の意味での「善い」とは、「幸福」とはどのようなことなのでしょうか。難しい問いですが、真剣に深く考えなければならない問題です。

また、体育学で黄金の休止という原理があります。これは運動をするときある期間練習に専念し、その後しばらく休んで再び練習を開始すると、前にも増して上手になっているということを説明した原理です。これも種子が阿頼耶識の中である期間潜伏し、その間に成長するということの例として挙げることができます。

最後に、阿頼耶識から顕現する世界を前ページの図に示してみましょう（これはあくまで二次元の図で描き、三次元の空間の表象に直して考えることができますが、心は大きさや形や色を持っていませんから、図の如くに世界が構成されているのではありません。比喩はあくまで一分比喩で、全分比喩ではありません）。

阿頼耶識は、一切の存在を生じるから一切種子識ともいいます。「有根身《うこんじん》」とは身体で、「根」とは眼・耳・鼻・舌・身の五つの感覚器官のことですので、身体を感覚器官を有したものととらえているところが仏教の身体観の特徴です。「器世間《きせけん》」とは現代でいう山や川などの自然を意味し、自然とはその中に生命あるもの（それを「有情《うじょう》」といい、その世界を「有情世間」といいます）が、生息する器《うつわ》と考えているところが自然観の特徴です。当然のことですが、器が壊れると、その中のものも存続不可能です。ところで、この阿頼耶識説によれば、山や川という感覚でとらえられる自然はほんとうの自然ではありません。それは、図では点線の円で表されていますが、いわば第二次的な自然であり、その奥に阿頼耶識から変化し、つくり出した阿頼耶識が自ら認識し続けている対象（それを「本質《ほんぜつ》」という）が真の自然です。

阿頼耶識が、現代でいう原子・分子から成り立つ自然界を顕現せしめ、しかもそれを認識し続けているというこの考えを、量子力学のミクロの世界観と考え合わせて考察することができるのではないかと思います。阿頼耶識は、自らがつくり出したものを自らが認識し続けている（これを「所変が所縁である」という）という教理にしたがって心の中を深く観察し、そして再び目を開き、耳をそばだてて自然に接すると、なにか新しい自然が見えてくるのではないでしょうか。

（1）　イギリスの哲学者・政治思想家。
（2）　深層心の阿頼耶識に表層心の業《ごう》の影響が植えつけられ、集められるという唯識派の発見は、心という語に対しても新しい語源解釈をもたらしました。

心に相当するサンスクリット語は citta です。この語の語源解釈には次の二つがあります。

①cit（考える）
②ci（集める）

このうち①は、パスカルの「人間とは考える葦である」とか、デカルトの「我思う、ゆえに我あり」という格言を待つまでもなく人間だれしもが考えるふつうの解釈です。仏教も例外ではなく、心を意味する citta は考えるという動詞 cit から派生した名詞であると解釈します。

考える心の代表が意識（mano-vijñāna）ですが、その「意」に当たる原語 manas は、やはり考えるという動詞 man に由来する名詞です。周知のように、インドのサンスクリット語、ギリシャ語、ドイツ語、さらには英語などをまとめてインド・ヨーロッパ語族といいます。いずれもアーリヤ語から枝分かれした言葉で、お互いに共通性があります。この man もそうで、サンスクリット語では「考える」という動詞ですが、ドイツ語・英語では考える動物、すなわち「人間」を意味するようになりました。

ところで、唯識派は心の語源を「集める」という意味の動詞 ci に求める新しい語源解釈をし、そのような心を阿頼耶識と考えたのです。いわゆる「こころ」を表す語としては心（citta）と意（manas）と識（vijñāna）とがあり、もともとこの三つは同義語でしたが、『成唯識論《じょうゆいしきろん》』では次のように八識をこの三つに配分するようになりました。

心――阿頼耶識

意――末那識

識――眼識・耳識・鼻識・舌識・身識・意識

（3）「名義客塵性《みょうぎきゃくじんせい》」という語があります。名とは言葉、義とはそれが指し示す対象で、客や塵《ちり》の如くにお互いにとって本来的なものでなく、別々のものであるということを表した考えです。私たちは、「火」といってそこに火があるように考えますが、火といっても決して唇は熱くなりません。「火」という言葉が向けられる対象と言葉とは全く別のものであることがこれからもわかります。

（4）仏教では、業《ごう》を順現受業《じゅんげんじゅごう》と順次生受業《じゅんじしょうじゅごう》と順後受業《じゅんごじゅごう》との三つに分けます。このうち、「順現受業」とは現世に行ったことが現世の間にその果報を受けるような業、「順次生受業」とは現世に行ったことが来世においてその果報を受けるような業、「順後受業」とは現世の業のうち、次の次の世以後にその果報を受けるような業をそれぞれ意味します。

第七章　新しい身体観

私たちの存在は「心」と「身体」から成り立っています。このうち、「心とはなにか」という問いかけから心理学が発達してきました。仏教、特に唯識思想は、識、すなわち心しか存在しないという立場から現代の心理学に勝るとも劣らない心への観察と分析とがなされ、その結果、これまでみてきたような雄大で深奥な規模の、いわば〝心理学〟を打ち立てました。

それと同時に、身体とはなにかという追求も鋭くなされ、当時の解剖の成果を取り入れた叙述が認められます。例えば、自己の身体に執着の強い人には、身体がいかに多くの汚いものから成り立っているかという事実を観察する「不浄観《ふじょうかん》」という観法を修することが勧められていますが、その不浄なものとして次のような臓器が列記されています。

髪毛《はつもう》・爪歯《りゅうし》・塵垢《じんく》・皮肉《ひにく》・骸骨《がいこつ》・筋脈《きんみゃく》・心胆《しんたん》・肝肺《かんはい》・大腸《だいちょう》・小腸《しょうちょう》・生蔵《しょうぞう》・熟蔵《じゅくぞう》・肚胃《とい》・
脾腎《ひじん》・膿血《のうけつ》・熱痰《ねったん》・肪膏《ぼうこう》・肥髄《ひずい》・脳膜《のうまく》・洟唾《いすい》・涙汗《るいかん》・屎尿《しにょう》　（『瑜伽師地論《ゆがしじろん》』二十六巻）

この記述は、身体を解剖して得た知識に基づいていることは明白です。しかし、仏教の、特に唯識思想の身体に関する追求は解剖にのみ終わることなく、別の角度から、特に心との関係において身体を考察し、独自の身体観を打ち立てました。以下、これについて考えてみましょう。

身体は感覚的エネルギーを放出する

仏教は身体を「有根身《うこんじん》」、すなわち「根を有する身」ととらえます。根《こん》というのは感覚器官のことで、原語ではインドリア(indriya)といい、それは雷神であるインドラ(indra＝帝釈天《たいしゃくてん》)から派生した名詞で、「力あるもの」というのが原意です。力あるものの中でいちばん強力なのはものを作り出す力、すなわち「創造する力」です。

例えば、キリスト教においては神は人間と生物と自然を創造した唯一絶対なる創造神として崇められていますが、仏教はそのような神を立てません。しかし、いわば冷静な科学的な眼で身近な出来事の中にある創造の力を観察し、例えば、眼から始まって耳、鼻、舌、身、すなわち現代でいうと視覚から始まって触覚までの五つの感覚器官はものを生み出す力を持っていることに注目するのです。

眼を開けると、眼は色と形のあるさまざまなものを見ることができます。しかし、いま見ると言いましたが、唯識思想はそれらを作り出すと考えるのです。感覚器官に能動的な働きがあるとみるのです。自然科学的に外界にものがあると考える人は、外界から何ミクロンの波長が眼に届き、それが角膜・水晶体を通って網膜の上に影像を結ぶと受動的に考えますが、唯識は逆です。

すなわち、眼からいわばエネルギーが放出され、心の中に影像を作り上げていると考えるところが非常に重要な点です。眼根《げんこん》の根の原語はインドリアであると前述しましたが、この語にはもともとは根という意味はありません。しかし、それを植物の根にたとえて「根」と訳したところがすばらしい。あの一つの小さな種子から根と芽ができ、それが大木にまで生長するのですから。屋久島にある樹齢六千年もの大木も、最初は小さな種子、小さな根から生長を始めたのです。植物の根はなんとすばらしい力を持っていることか。

その巨木の根に劣らず、私たちの身体もものを作り出すものすごい力を持っているのです。何度も眼を閉じ、眼を開けてみるとものが見えます。耳で一生懸命音を聞きましょう。食べるときには味に成り切りましょう。ないし皮膚感覚を研ぎ澄ませていろいろなものに触れましょう。すると、ほんとうに感覚は受動的ではなく能動的であるということがわかってまいります。

感覚器官が能動的であり、それから光というエネルギーを出しているという唯識思想の考えを次に紹介してみましょう。

唯識思想では、感覚器官、すなわち根として、〈**扶根《ぶこん》と正根《しょうこん》**〉の二つを立てます。

このうち扶根というのは具体的な感覚器官、例えば、眼でいうならば角膜、水晶体、網膜などから成り立つ器官です。現代の科学的考えからすればこのような器官だけで十分です。しかし、唯識思想は扶根の奥に本質的な器官としてもう一つ正根を、すなわち真正のほんとうの根を立てるのです。その正根を助けるのが、原子・分子から成り立った扶根であるという二重の感覚器官論を説くのです。この正根という考えから、身体に対する新しい見方が生じます。

まず、正根は「浄色所造《じょうしきしょぞう》」である、すなわち清浄《しょうじょう》な色から作られたものと定義されます。ここでいう「色《しき》」とは、現代でいう原子・分子からなる物質を意味しますから、正根は「清浄な物質」から作られていることになり、しかもそれは宝珠《ほうじゅ》にたとえられ、「清浄な宝珠の如く光を発している」と定義されています。光を発しているというところがポイントです。決して太陽の光線だけが光ではありません。いろいろな光があるでしょう。

そういった意味で、正根が放つ光はいわば「感覚的なエネルギー」であると言い換えたい。眼根だけではありません。この身体は「五根《ごこん》を有する身」ですから、この考えからすれば、自分の身体というものはものすごい爆発的な感覚的エネルギーを放出していることになります。これは唯識思想だけの説ではなく、客観的事実ではないでしょうか。

私たちが深い眠りから目覚めた瞬間に、自分の周りに世界がもう一度復活してきます。それは身体から出る感覚的エネルギーが作り上げたと考えてはどうでしょうか。

次に、この正根は眼で見ることはできず、ただその存在は推知されるものであるとされています。これも考えてみると重要なことです。なぜなら、決して自分の人さし指を同じ指で指《さ》すことはできないように、見つつあるものを決して見ることはできないからです。少し難しい表現になりますが、絶対主観は決して客観になることは、すなわち対象化されることはありません。

たしかに私は、他人の眼が角膜や水晶体からできているのを見ることができます。しかし、それを見ている私自身の眼の器官、すなわち根《こん》を見ることは決してできないのです。ですから、正根は直接知覚することはできず、推量でしか知ることができないという考えを納得することができます。

「感覚器官は自ら光を発して対象をとらえる」というこの唯識思想の考えは、現代の感覚器官論にはありません。眼を開けると、大は星々の輝く大空から、小は電子顕微鏡を通せば原子・分子まで見ることができます。その見る眼という感覚器官も、原子・分子から構成されたいわば「もの」であり、見られるもの、例えば鉛筆も同じく原子・分子からできた「もの」ですが、この「もの」と「もの」とが相向かい合うとき、鉛筆を見るという視覚、すなわち「心」が生じます。

このように、「もの」と「もの」とから心が生じます。なぜそのように心が生じるのでしょうか。これに対して、ものか心かという二つの存在しか認めない立場からすれば、決して

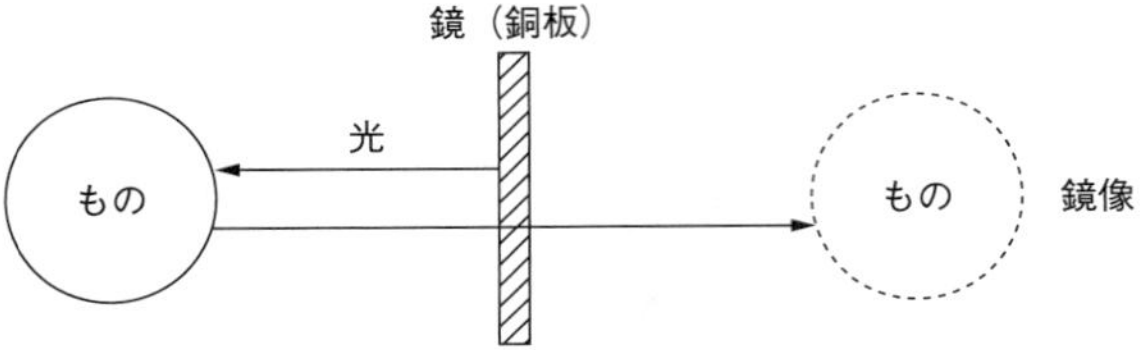

その原因を解明できません。

眼を開けたら見える、これはまことに不思議な現象といわざるをえません。ところで、この不思議な出来事の背後に唯識思想が説く「正根」という考えを導入すれば、「もの」と「もの」とから心が生じるという難問への解決の糸口がつかめるのではないでしょうか。

とにかく、こういう思想に耳を傾け、そして眼を閉じたり開けたりして眼の働きを実感し、確認してみましょう。また、音や声を聞くことに意を注いでみましょう。すると不思議なことに、いままで簡単になんとなく気分と言葉だけでとらえていた身体がもっとずっと自分のほうに近づいてきて、新しい身体観が生まれてきます。身体が有する感覚は受動的ではなく能動的である、身体は世界の中にあるのではなく世界を作り出しているのであるということに気づいてきます。

眼という感覚器官から光が発せられているということをもう少し考えてみましょう。

例えば、ここに銅板があるとします。その銅板が錆びていれば、そこにはなにも映りません。しかし、その表面を磨いてきれいにすると銅板が鏡となり、そこから光が発せられて銅板の中に影像が生じます。

同様に、私たちの心の中に影像が生じるためには、なんらかの光が発せられることが必要です。その光を発する源が正根であるといえるのではないでしょうか。

深層心（阿頼耶識）が身体を作り出し、維持し認識している

生じたものは必ず滅します。生まれたものは必ず死んでいきます。これはすべてのものを支配する厳粛な法則です。しかし、生まれたものは生から死に至るまで生き続けます。人間は生きている限り心臓が動き、臓器が働き、身体は温かくあり続けます。それはなぜでしょうか。現代の科学はその原因を遺伝子のＤＮＡの働きに求めるでしょうが、仏教は別の角度からその原因を解明しています。まず部派仏教までの考えを探ってみましょう。

『倶舎論《くしゃろん》』巻二には、

身体は、食物、沐浴、塗油《とゆ》、睡眠、三昧《さんまい》によって維持され成長する。

と説かれています。身体に油を塗る、水浴するなどというインド人の風習が、さらには三昧（サマーディ）という禅定《ぜんじょう》の心のありようが身体の維持と発達の原因と考えている点に興味が注がれます。

ところで、これらは身体を維持・発育せしめるいわば外的な原因であり、さらにその奥にある内的な原因が求められなければなりません。つまり、身体を内部から維持し、その生理的機能を維持し続けているなにものかが想定されることになります。ではそのようなものとはなんでしょうか。

この解答は「執受《しゅうじゅ》」という概念を検討することによって得ることができます。執受の原語はウパータ（upātta）で、これはウパーダー（upā-dā）という動詞の過去分詞です。もともとは、受けとられた、感受された、維持された、という意味ですが、それが転じて五根という感覚器官、あるいは有根身と呼ばれる身体を指す言葉となりました。すなわち身体はなにものかによって維持されるもの（upātta）と考えられたのです。ではその身体を維持するものとはなにか。これに関して『倶舎論』巻二では次のように説かれます。

執受とは、心によって維持されることである。そして心と維持されるものとは利益と損害とに関して相互に相応関係にある。

右の定義から、執受、すなわち身体は心によって維持せられ、かつ身体と心とはいわば生理的・有機的因果関係にあると考えられていることが判明しました。

ところでこの場合の心、すなわち識《しき》は、部派仏教までは眼識《げんしき》から意識《いしき》までの六識であり、しかも心と身体とは、一方の存在を欠けば他方も存在することができない関係、すなわち相依関係にあると考えられています。この身心が相依《あいよ》って存在することを、『清浄道論《しょうじょうどうろん》』には次のように説かれています。

船によって人びとは海洋を渡るが如く、身体によって心は生じる。人びとによって船は海洋を渡るが如く、心によって身体は生じる。人びとと船とが一緒になり、相依って海洋を行くが如く、心と身体とは相互に依止《えじ》している。

仏教は常にそれのみで実体として存在するようなものを否定し、ものごとは常に関係的に存在するという縁起的見方をとりますが、それは身体と心に関しても例外ではありません。ですから、「精神と身体とは相異なる二つの実体である」とみるデカルトの考えを仏教は決して受け入れることはできません。

ところで、唯識瑜伽行派の人々は、基本的にはそれまでの考えを受け継ぎながらも、阿頼《あら》耶識《やしき》という新しい概念を導入して身体の維持機構に新説を打ち出しました。すなわち身体を生理的に維持するのは表層心である六識ではなく、根源的な心、すなわち、阿頼耶識であると主張するに至ったのです。たしかにこの説は従来より進歩したものです。なぜなら、部派仏教のように六識が身体を維持するとするならば、寝ていたりすると感覚も意識もなくなるのですから、六識が活動していないときはなにが身体を維持するのかという疑問が起こってきます。これに対して、唯識思想は常に存在し、活動し続けている阿頼耶識が寝ても覚めても、さらには生まれてから死ぬまで身体を腐らせることなく維持し続けていると考えるのです。これに関して『摂大乗論《しょうだいじょうろん》』には、

寿命があるかぎり阿頼耶識は五つの根からなる身体を腐壊せしむることなく維持する。

と説かれています。

このように、阿頼耶識が身体を維持するのであるならば、この識は身体の中に存在し、身体の隅々まで行き渡っているというように考えたほうが適切です。たしかに「唯識」という思想を最初に打ち出した『解深密経《げじんみつきょう》』では、

阿頼耶識は身体の中に潜在する。

と説かれています。しかし、後にすべては阿頼耶識から生じるという一切唯識《いっさいゆいしき》や唯識無境《ゆいしきむきょう》という考えが強まり、そして世親《せしん》が『唯識三十頌《ゆいしきさんじゅうじゅ》』の中で、

阿頼耶識の対象は執受（種子と有根身）と処（器世間）とである。

と説かれ、執受のうちの有根身、すなわち身体は阿頼耶識から生じたものであり、かつ阿頼耶識の認識対象となっているという考えが確立しました。これによって、阿頼耶識という心の中にすべてが包括されるようになり、身体もその中に存在すると考えられるに至ったのです。

身体は見方によって違ってくる

このように、阿頼耶識が身体を作り出し、それを生理的に維持しているという唯識思想の考えからすれば、「身体」といわれるものには次の二つがあることになります。

①私たちが眼で見たり手で触ったり痛みを感じたりする身体。
②阿頼耶識が作り出し、生理的に維持し、しかも阿頼耶識の対象となっている身体。

唯識思想にしたがえば、まずこの二つの身体の違いを明確にする必要がありますが、ここで唯識思想で阿頼耶識説に次いで代表的な、〈三性《さんしょう》〉という教理の術語を用いてこの①と②

両者の身体観の違いを定義してみると、①遍計所執性《へんげしょしゅうしょう》としての身体、②依他起性《えたきしょう》としての身体、となります。

これに、感覚のデータとしての身体でもなく、阿頼耶識の対象としての身体でもない、いわば真の「身体そのもの」として、③円成《えんじょう》実性《じつしょう》としての身体、を加えて、合計で三つの身体観が可能であることになります。

三性という考えは重要ですが、その術語の難解さのために尻込みをされる方が多くおられると思いますので、以下はできるだけやさしく説明をしていきましょう。三性とは「存在の三つのありよう」で、大まかにいえば、次のように定義されます。

遍計所執性（言葉で語られ、しかも執着されたもの）。
依他起性（他に依って生じたもの）。
円成実性（完成されたもの）。

いま、あるひとつの存在、例えば、Aを認識するとします。まず視覚（眼識）によって現前にAを見ます。厳密にいえば、いまだAという言葉でそれを認知していませんが、あえていえば「それ」が目の前に影像として生じてきます。それを私は見ようと思って見たのではなく、見せられているのです。そこには自分の意志や意図や自ら発する言葉などは関与して

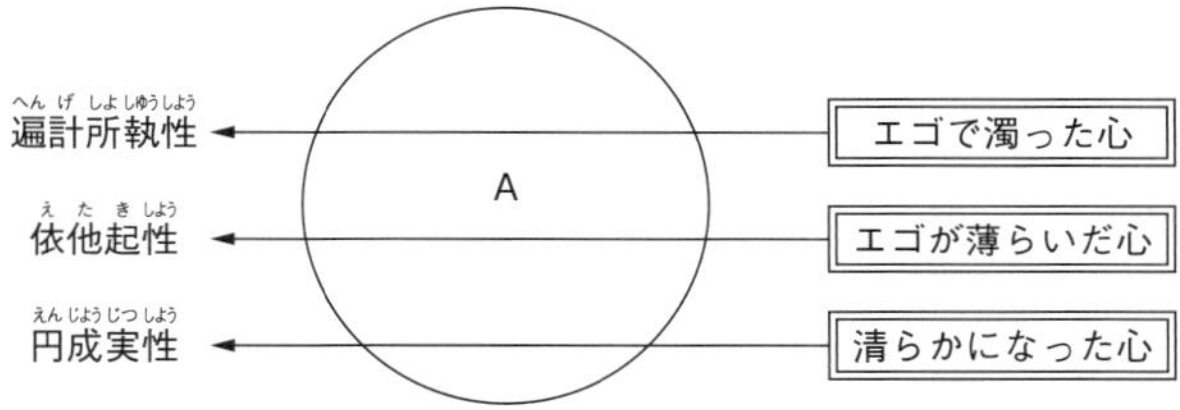

いません。全く自分以外のほかの力によってそこに生じたのです。このような存在のありようを、三性で「依他起性」といいます。

次に「それ」に対して、それはなんだろうと追求して意識を働かせ、言葉を用いて「それはAである」ととらえます。そのとき、そのAは実体として心とは別にあるものとして認識され、それがお金であればそれに執着を起こします。このように心を離れてあると考えられ、しかも執着されたもの、それを「遍計所執性」といいます。

依他起性は、実は心のことです。ほんとうに心というものは自分の意志とは関係なく生じてきます。でもその心は遍計所執性で汚れてしまいます。その濁りを取り除いていくことが唯識思想の目的ですが、そのための実践がヨーガ（瑜伽《ゆが》）と呼ばれる修行です。そして、この実践によって心の中からすべての汚れが払拭されて清らかに成り切った心、完成された心、それが「円成実性」です。以上を上に図示してみました。

このように、何事であれ一つの存在に対して以上のような三つの見方が可能です。そしてこの三つの見方によって、一つの存在のありようが三様に違ったものとして見えてきます。この三つの見方を身体に当てはめると、前述したように遍計所執性としての身体、依他起性としての身体、円成実性としての身体という三種の身体観が可能です。

以下、これについてもう少し詳しく検討してみましょう。

美しい顔、醜い顔（遍計所執性としての身体）

まず「遍計所執性としての身体観」ですが、これは、例えば、自分の身体を見て、「なんと衰えはじめた身体か」ととらえるときの身体観をいいます。

自分の身体はたしかにある、そしてそれは年齢と共に衰えていると考えます。しかし、そのようにとらえられた身体はほんとうにあるのでしょうか。

この問題を考えるにあたり、まず「身体はある」と考えてみましょう。するとそこには、一つは「身体」、もう一つはそのようにみている「心」があることになります。その両者の関係を考察してみましょう。

まず、眼を下に向けると自分の胴体から足にかけて身体を見ることができます。そして「これは自分の身体である」と判断します。ここで、①この身体は心を離れて存在するのか、②心の中に存在するのか、という問題を提起してみたい。心というとわかりにくいので、心を視覚と置き換えてみましょう。身体を見る視覚が働いていると考えます。すると、①は、ではその視覚を離れて（空間的な距離をおいて）それとは別に身体は存在するのかという問いになります。それは、視点を変えれば視覚の中に身体があるのかどうかという問いにもなります。

しかし、静かに考えてみると、この質問にはなにか無理があるようです。なぜならば視覚という心は三次元の空間的広がりをもったものではないのですから、視覚の中にという空間的な概念で問題を設定すること自体が無意味なのです。

では、見る視覚と見られる身体とはどういう関係にあるのでしょうか。例えば、次のように考えることができます。

眼で見る以前に身体というものがあった。それが眼を開けたとたんにその身体から出る波長が角膜・水晶体を通って網膜に至り、そこに影像を結び、それが大脳の働きによって身体の影像を眼前に生じたのであると、このように考えることができます。さらに深く考えてみると、視覚が働かなければ（広くいって感覚が働かなければ）、私たちは決して三次元の空間というものを想定することはありません。三次元の空間は、①感覚が働き、そして次に、②三次元の空間がある、と言葉で語ることによってはじめて設定されるのです。それなのに私たちは、以前の経験に基づき、たとえ眼を閉じて見ていなくても「空間はある。その中に身体はある」と考えます。しかし、そのように考えられた「身体」と「空間」とははたしてほんとうに存在するのでしょうか。

これに対して唯識思想は、そのように考えられて想定された身体と空間とは遍計所執性であり、無であり、決して存在しないと主張するのです。

この遍計所執の原語はパリカルピタ（parikalpita）で、全体で「あまねく言葉で考えられた」という意味なので遍計という訳で十分ですが、玄奘《げんじょう》が遍計にさらに所執という意味を加えて遍計所執と訳したことに注目しましょう。すなわち玄奘は、「遍計所執性とは言葉で考えられ、しかも執着されたもの」と解釈したのです。たしかに、私たちの「言葉で考える」ことと「執着する」ことという二つの行為がいかに多くの「もの」を生み出していることか。この二つのうち、まず「言葉で考える」ということを考察してみましょう。

例えば、ここに一本の鉛筆を見るとします。それに対して私たちは、「鉛筆」と命名します。ここでしばらく心を静めてその鉛筆を心の中に引き込んで、「もしもこれ（鉛筆）に意識があり言葉を発することができたら、『人間よ、なぜ自分を鉛筆と呼ぶのか』と文句を言うかもしれない」と反省してみましょう。

私が授業でこのように問題提起をすると、必ず多くの学生が笑います。それはおかしいからではなく、学生たちがなにかそれまで忘れていた大切な存在を直観し、同時に私たちがなにげなく行っている認識に問題があることに気がついたからです。

その大切な存在、それは言葉によって語られ、色づけされ、加工される以前の心の中にある存在です。眼を開けてそれを見た瞬間、それは鉛筆でもなんでもありません。あるいはそれに成り切っているときもそれは鉛筆ではありません。それを「鉛筆である」と言葉で判断したとたんにそれが鉛筆に変貌し、しかもそれは実体として心の外にあるものに変わってしまうのです。以上が「言葉で考える」という働きについての考察でした。次に「執着する」ということについて考えてみます。

前述したように、玄奘が遍計にさらに所執と付加したところに訳語の妙があります。たしかに言葉でとらえるだけでは問題はありません。その言葉で語り、言葉でとらえた「もの」に執着するところに大きな問題が生じてくるのです。話を鉛筆から本題の身体に戻しましょう。

例えば顔です。鏡の前に立って顔を見る。そのときそれを「自分の顔である」と思い、そしてそのありように執着して「この顔は美しい、醜い」とその美醜にこだわってしまうのです。そして美しいと思う人はおごり、醜いと思う人は悩むのです。

例を顔からお金に移しましょう。ほんとうに人間はお金に執着します。特に現代の日本人はその傾向が強い。その善し悪しは別として、例えば、昔は武士道という価値観がありました。主君のために死ぬことは自己存在よりも価値があったのです。しかし、確固たる価値観を喪失した現代の日本人は、すべてをお金の価値に還元して考えるようになってしまったのです。ここで静かに「お金とはいったいなにか」と考えてみましょう。ほんとうにお金というものはあるのでしょうか。お金は自分を離れてあるのでしょうか。お金はただお金なのでしょうか。お金だけではありません。私たちは、身の周りに無量無数といえるほどの執着の対象を設定し、それらに拘泥して苦しんでいます。

このような私たちの現実に対して、唯識思想はそのような執着の対象はすべて存在しない、無であると一刀両断のもとにその存在性を否定してしまうのです。考えてみると、なんと気持ちのいいことではないでしょうか。

自分の顔の美醜や老若にこだわるのが人の常です。でもそれは仮面のようなもの、いや、全く存在しないものであるという唯識思想の主張を信じて、「よし、その仮面の顔の奥に、広くいえば美醜にこだわる身体の奥にいったいなにがあるのか」という追求心を起こしてみましょう。そこに新しい身体が見えてきます。

生かされてある身体（依他起性としての身体）

次に、「依他起性としての身体観」を考えてみましょう。依他起とは他によって生起するという意味ですが、では他とはいったいなにか。静かに考えてみますと、私たちのこの身体は数え切れないほどの無量無数の縁によって生かされてきたし、現にいまも生かされています。この無量無数の縁というものを考えるにあたり、参考になるのが宇宙の生成、生命の進化、身体の構造などに関する詳しい自然科学の情報です。いまそれらの情報に基づいて、こ

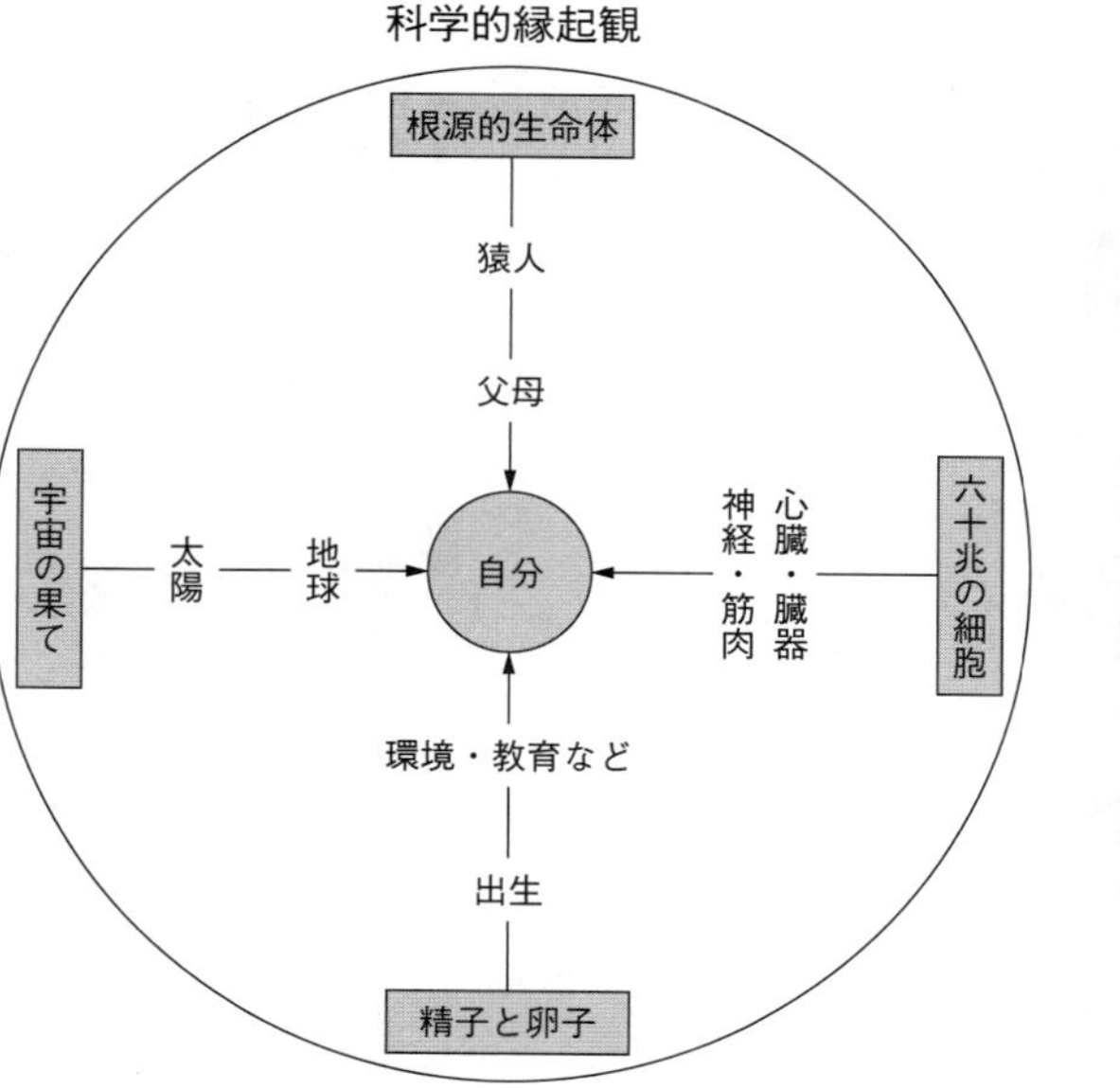

の身体が、広くは身体を有する自分がどれほど多くの他の存在によって支えられているかを検討してみましょう。

上の図を見てください。身体を有する自分の存在を真ん中の丸で描いていますが、その「自分」がいまここにこうして存在するためには、どれほどの原因が関与してきたか、また、いま関与しているかを図にしたものです。

まず、縦の線は時間の経過の中での因果を表したものですが、三十数億年前に地球に生じた一滴の生命の根源から猿人・原人・旧人・新人と発達して、近くは両親に至り、その両親の精子と卵子との結合によって自分の存在が始まり、そして出生し成長し、さらに環境・教育などの影響を受けていまここに自分が存在するのです。また、遺伝子の面からは、私は両親から生まれ、その両親はまたそれぞれの両親から生まれ……とさかのぼっていくと、もう無量無数の祖先の人々と関係していきます。したがって、私の染色体の中にある遺伝子は、無量無数の生命の遺伝子とのかかわりによって形成されたことになります。

次に時間を止めて横の線の因果を考えてみましょう。まず右の線についてですが、私たちの身体は六十兆の細胞から形成されているそうです。そして、その数多くの細胞からこれまた数多くの器官・筋肉・神経などによって身体は構成され、維持されています。次に左の線をさかのぼっていくと、いまこの部屋にいることができるのはこの床があるからであり、この床はさらに建物、大地、地球に、さらに地球は太陽に、太陽は別の天体に支えられています。このように、因果の鎖をどんどんとさかのぼっていくと、この身体は宇宙の果てとも関係していることがわかります。

前ページの図に意識を凝らしてみましょう。このようにみていくと、「自分」以外のすべての存在によっていまここにこうして「自分」は存在しているということがわかります。「自分」以外の無量無数の縁によって存在している、いや生かされてあるということに気づくとき、では「自分」というものはいったいなにか、自分という「もの」がほんとうにあるのかと問い直してみましょう。すると、真ん中に円で描かれている「自分」などは消えていきます。そこを仏教は、〈縁起《えんぎ》の故《ゆえ》に無我《むが》である〉というのです。唯識思想は縁起を依他起と言い換えます。ですから、「依他起の故に無我である」ということができます。身体を依他起性的に見ていくということは、この身体を無我的な身体、すなわち「自分のものではない身体」と見ていくことになります。以前に手を見て「自分の手」というとき、「自分」に対応する「もの」を発見することができず、「自分」とは唯《た》だ言葉の響きがあるだけであるという事実を指摘しましたが、このことがこれらの考察によってその論理的根拠を得たのです。

以上、言葉でもって依他起性としての身体を考えてきました。しかし、このように言葉で考えられた身体は、やはり遍計所執性としての身体観になってしまいます。依他起性としての身体は阿頼耶識の対象としての身体であるのですから、それをじかに識《し》るためにはヨーガを組み、禅定《ぜんじょう》を修して心の中に沈潜していく必要があります。しかし、そこまでいかなくても、とにかく心を静め、感覚のデータも思いも言葉もなくした無分別《むふんべつ》の世界に住してみましょう。身体に執着する自分を捨てて、もう一人の〃自分〃で「生かされてある身体」をじっくりと観察し、味わってみるとき、そこに新しい身体観が生まれ、同時に新しい生き方が展開してきます。

真の身体（円成実性としての身体）

最後の「円成実性としての身体観」ですが、これは悟った人のみがはじめてわかる身体観ですから、なかなかわかりにくく、また説明が難しい。そこでこれについて「色身《しきしん》を見る者は仏を見ない。法身《ほっしん》を見る者は仏を見る」という一文を挙げてみます。これは、釈尊が入滅されたあと、弟子たちは釈尊は亡くなってしまわれたのだと悲しみますが、しかし、釈尊の真の身体は眼で見える具体的な身体（色身）ではなく、真理としての身体（法身）が真の身体であるという考えが起こり、「法身を見る者は仏を見る。色身を見る者はほんとうの仏を見ることはできない。法身を見なさい」という考えが強調されたのです。

この身体論は釈尊に対してだけではなく、自分の身体あるいは他人の身体をどのように見るかということにおいてもおおいに参考になります。『瑜伽師地論』の中に「真如身《しんにょしん》」を観察することが強調されています。

菩薩は身に於いて循身観《じゅんしんかん》に住すとは、謂《いわ》く、相身《そうしん》に於いて循環して真如身《しんにょしん》を観ず。

（『瑜伽師地論』七十五巻）

円成実性はこの真如のことですから、円成実性としての身体を見ることは真如としての身体を見ることです。この真如とは「あるがままにある」という意味ですので、真如身とはあるがままの身体ということになります。これはたしかに覚者にのみ観察されるものですが、私たちもまずは実際にヨーガを修し、禅定に入り、依他起の世界に戻り、真如身を悟る第一歩を踏み出してみましょう。坐って吐く息、吸う息に成り切ったとたんに、この身体が変わってきます。心が変わってきます。不思議なものです。息に成り切ることはすばらしいことです。ほんとうに息に成り切らなければ私たちはなにもわかりません。この一刹那《いちせつな》の息に成り切る。なかなか難しいですが、それ以外にはなにもわかることはできません。息に成り切り、成り切ってみましょう。その向こうにあるがままの身体が、真如としての身体が見えてくることを信じて……。

阿頼耶識と身体

現代の医学では、心が身体を作り出すという考えなど認めることはできませんが、身体と心とは密接な関係にあることは現代の医学においても認められている事実です。たしかに、なにか気になることがあればすぐに胃が痛くなりますし、それが昂《こう》じればときには胃潰瘍になってしまいます。いま問題となっている拒食症や過食症も、その根源的原因を心のありように求めることができます。

とにかく、表層心では気がつかない深層心のありようが表層の身体に大きな影響を与えるということが医学的に証明されています。その発見の功労者がフロイトやユングなどの精神分析学者です。

これは二十世紀に入ってヨーロッパで起こった動きですが、インドではすでに紀元後三、四世紀に唯識思想が身体と深層の阿頼耶識との関係を、〈安危《あんき》同一《どういつ》〉という考えで説いています。この言葉の原語はエーカ・ヨーガ・クシェーマ（eka-yoga-kṣema）です。このうちヨーガ・クシェーマ（yoga-kṣema）は安穏・寂静《じゃくじょう》・解脱《げだつ》・滋茂《じも》などと漢訳されていますが、ひと言でいえば、涅槃《ねはん》（nirvāṇa　ニルヴァーナ）を意味する言葉です。最初のエーカ（eka）とは同一を表し、全体で「安と危とが同一である」という意味になります。深層の阿頼耶識と表層の身体とは一方が「安」、すなわち安穏でよい状態にあれば、他方も同じ状態になり、逆に一方が「危」、すなわち危険な悪い状態にあれば他方も悪い状態になるという、身体と阿頼耶識とは生理的・有機的な相互因果関係にあるということを表した言葉です。

この思想は、フロイトなどの精神分析学や現代の心身症の研究にも匹敵する発見でありますが、なぜこのような思想が打ち出されたかといえば、それは唯識思想を形成した人々がヨーガの実践をとおして身体と心との関係を鋭く観察したからです。

この「安危同一」という考えは、私たちに次の二つのことを教えてくれます。

その一つは、深層心の領域からの心の浄化を求めるならば、まずは表層の身体のあり方を調《ととの》える必要があるということを教えています。坐禅の坐り方に結跏趺坐《けっかふざ》という姿勢がありますが、この坐る姿勢が心身共に最高の安楽な姿勢なのです。

最近、市中のヨーガ道場では複雑な姿勢でヨーガを組むことがはやっていますが、それは七、八世紀ごろに起こったハタ・ヨーガ、あるいはラージャ・ヨーガの坐り方であり、伝統的な正規の姿勢は結跏趺坐であります。脳天は宇宙の果てにまで届くつもりで背骨を伸ばし、尾骶《びてい》骨は地球の大地に根づくような気持ちでどっしりと坐る、この姿勢は宇宙の根源とスーッと一体になっていくことができる最高のすばらしい坐り方です。

横になって真理とはなにかと考えることができるでしょうか。あのソクラテスやプラトンたちはどうだったのでしょうか。『饗宴』の出始めがおもしろい。ソクラテスはお酒が強かったようですが、ほかの人々は二日酔い。そこで今日は軽い話題、すなわち「エロス（愛）」について論議しようと始まるのですね。彼らは横になったり姿勢を崩したりして論じ合ったのでしょうが、それは「肉体は魂の牢獄である」というプラトンの言葉からもうかがい知ることができるように、肉体を軽視したからでしょう。

これに対して、仏教はもともと縁起的立場から、身体があるのは心があるからであり、心があるのは身体があるからであるという相依関係で両者をとらえますから、心の浄化は身体のあり方から入っていかなければならないと考えるのです。

身体のあり方を「威儀《いぎ》」といいます。威儀を正しなさいという場合の威儀です。これはもともと仏教用語で、威厳があり儀則・儀式に沿った理想的な身体の立ち居振る舞いをいいます。威儀は分析すると行《ぎょう》・住《じゅう》・坐《ざ》・臥《が》に、すなわち動く・立ち止まる・坐る・寝るの四つになりますが、これを威儀と訳したのは、私たちの身体的ありようは常に真理に即した威風堂々としたものでなければならないと考えるからです。「威儀即仏法《いぎそくぶっぽう》」という道元禅師《どうげんぜんじ》の言葉がありますが、これは仏法、すなわち仏教の説く真理は、どこか遠くにあるのではなく、一瞬一瞬の立ち居振る舞いの中にあるのだという考えです。

「安危同一」そして「威儀即仏法」、いずれも身体的ありようがいかに大切かを教示するすばらしい思想です。

深層心からの健康を目ざす

安危同一の思想は、もう一つ、健康というのは深層の領域にまで踏み込んで考えなければならないということを教えています。病気にかかるとふつうは薬で治しますが、それはあくまで一時的で表層的な治療です。もちろんすべての病気がそうではありませんが、多くの病気はその「病気」という言葉からしても気を病むことが原因であります。

いま、安危同一の考えによれば、病気は深層心である阿頼耶識が病んでいることになります。お酒を飲み過ぎると胃癌《いがん》にかかることもあります。しかし、お酒を飲まないのに胃癌にかかる人の大半が、まじめに働いてストレスのたまる人であるというデータも出ています。ストレスがたまる。それは阿頼耶識が汚れて重くなることと解釈できます。あまりに薬に頼りがちな現代人に、「深層心からの健康」「阿頼耶識からの健康」という考えは大きな参考になります。

なにが幸福かと問われると、多くの人が「健康であることが幸福である」と答えます。たしかに健康は最高の宝であり、幸福です。ではその健康とはなにか。唯識的にいえば、「深層心から爽快に自由になる」ことであるといえるでしょう。

私たちは、いつも煩悩に満ちて心も身体も爽快ではなく、思うように行動できません。なにかを行いたい、行わなければならない、と思っても体がついていきません。例えば、お年寄りが困っている、よし助けてあげようと思っても行為にまでいきません。そこにエゴが働いて、いろいろな思いや思惑が起こるからです。また、心の底から爽快な気分で毎朝目覚める人が何人いることでしょうか。少し言い過ぎかもしれませんが、朝、目を覚ますたびに生きていることに重圧を感じる人がほとんどではないでしょうか。

これは、私たち一人ひとりの阿頼耶識の中に汚れた種子がたまり、身心が重くなっているからであると唯識思想は考え、その重い身心を「麁重《そじゅう》の身心」といいます。これに対して阿頼耶識から汚れた種子が消滅し、深層から清浄になったとき身心共に爽快となり、かつ自由に活動することができるようになりますが、その爽快で自由な身心を「軽安《きょうあん》の身心」と呼びます。「麁重」から「軽安」へ、それは病気から健康になることであると同時に、迷いから悟りに、生死から涅槃に至ることでもあります。問題は、そのようなふつうの健康というこ

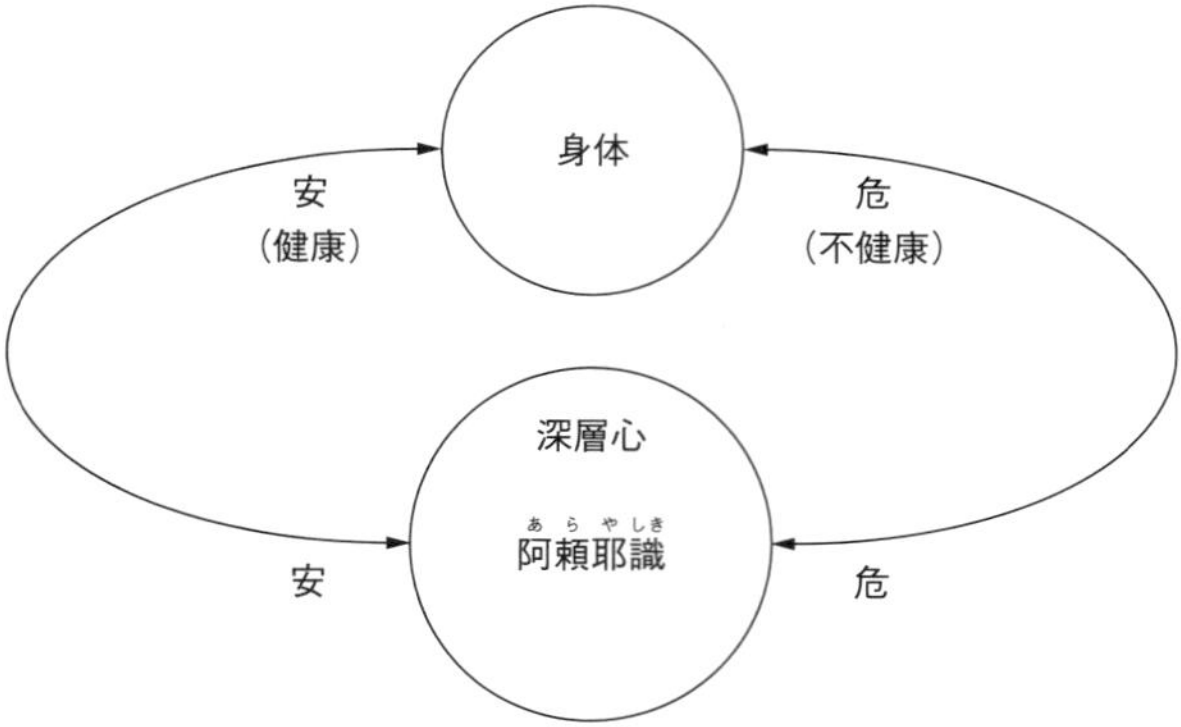

とだけではありません。

仏教は心の安らぎ、安心、すなわち涅槃に至ることを目的とします。その意味で、安危同一の「安」とは究極的には涅槃を意味し、その涅槃とは阿頼耶識の領域の変革によってもたらされると考えるのです。ですから、心の底から爽快に自由になるためには、阿頼耶識の中にある積もり積もった重々しいストレスを焼き尽くすことが必要です。

いま、話を健康ということだけに限りましたが、では深層心から健康になるためにはどうすればよいか。安危同一の考えからすれば、すでに述べましたように、表層的な身体のありようから取り組んでいかなければならないのです。

その身体的ありようとしてお勧めしたいのは、身心挙げてなにかに打ち込むこと、成り切ることです。たしかに、なにかに打ち込むとすっきりします。それは、現代的にいえばストレスがなくなることですが、唯識的には、阿頼耶識の領域から心が浄化され、深層から健康になることであるといえるでしょう。

人に迷惑をかけなければ（ほんとうに迷惑をかけていないのでしょうか）なにをしてもいいという個人主義の行き過ぎで、現代の若者たちは、例えば、道路に座ったり、タバコを吸いながら路上を歩いたり、授業では肘をついて講義を聞いたりしています。これではますます深層の心が濁り、不健康になります。現代の若者たちに欠けていることは身体を通して学ぶという姿勢です。

第八章　心の深層が作り出す自然

抽象的自然と具体的自然

子どものときに、もしもトンボの複眼を通して世界を見たらどのように見えるだろうかと考えたことがありました。それは不可能なことですが、おそらく全く違った風景、世界になるであろうことは想像に難くありません。

これに関して、唯識思想には「一水四見《いっすいしけん》」というおもしろい考えがあります。それは人間にとって「水」に見えるものが、魚には「家宅」、天人には宝石でできた「大地」、地獄人には膿《うみ》で満ちた「河」にそれぞれ見えるという考えです。

このように、生き物のありようによって世界が変わってくるからそれぞれの生き物に共通のなにか実体的なものが外界には存在しない、すなわち「唯識無境《ゆいしきむきょう》」であると主張するのです。天人や地獄人はともかくとして、魚が水をどのように見るかは決してわかりませんが、この思想は少なくとも人間の独断を強く戒めていることだけは確かです。

このような視点から、ここで人間が、そして一人ひとりが「自然」といっているものがはたして存在するかどうかを反省してみましょう。

一概に「自然」といいますが、それは①人間にとっての自然、②人間である自分にとっての自然、③他の生物にとっての自然、の三つに分類されます。

同じ〝自然〟という語を使用しましたが、①と②と③とは全く相違するものです。これらのうち③は、どのようなものであるかは想像もできませんから、比較の対象から除外しましょう。では①と②とに限ってみたとき、両者はどのように相違するのでしょうか。

①は、人間同士が言葉でもって語り合い存在するだろうと想定された自然です。こういうと、「想定された」なんてそんなばかげたことがと反発される方もいるでしょうが、ここで静かに考えてみましょう。

一本の木を三人が見るとします。しかし、この場合一本の木が三人の目の前にあるのではなく、それぞれの人の心の中に（決して他人が見ることのできない）木の影像があるのです。それに対してそれぞれが「そこに一本の木がありますね」と語り合うことによって外界に一本の木があると認め合うにすぎないのです。もちろん三人を離れて木は存在するかもしれません。しかし、三人は木そのものを見ることも、ないしは触れることもできません。その木の形や色、そして感触はすべて心の中の影像であるからです。したがって、私たちがふつう自然といっている①の自然は、人間同士が言葉で語り合い、認め合ったいわば抽象的な自然なのです。

これに対して②の自然は、一人ひとりの人にとっての生《なま》の具体的な自然です。言葉で語り合って外界にあると認め合った抽象的な、そしてときには執着の対象となるそのような自然ではなく、心の中にある具体的な自然です。

このように自然は、「抽象的自然」と「具体的自然」との二つに分かれます。このうち、私たちがまずはそれがなんであるかを考察するのは当然後者の具体的自然ですが、私たちはそれを忘れて前者の抽象的自然にのみ意識が向かいます。ですから例えば、旅行をして観光地を訪れると、記念としてそこのスナップ写真を撮ります。もちろんそれも結構ですが、唯識思想からいえば、そのような外界の自然界はないのです。

一歩ゆずって外界に山や川があるとしましょう。厳密にいえば、一人ひとりにとっての具体的な自然は各人の心の中にある影像としての自然です。ですから、外界にあるかもしれない自然を写真に撮る前に、その心の中の具体的な自然に成り切ってそのイメージを心の奥底にいわば印画しようではありませんか。ある風景に意識を凝らしてじっと見続けて心を専一に研ぎ澄まして自然を見ると、その影像は心の底に（阿頼耶識《あらやしき》の中に）刻み込まれます。

私事で恐縮ですが、以前ネパールのポカラを訪れた際、ホテルの庭の椅子に座って暮れゆく美しいアンナプルナ山を眺め続けました。山肌の色は刻々変わるのです。金色から一瞬に紫色に変化したりしました。その雄大で美しいヒマラヤの山々に意識を集中すること三十分、そのおかげでいまでも眼を閉じてそれを思い出すと、美しい山々のはっきりした影像が心の中に再現してきます。細い漏斗の管を通して水が勢いよくビンの中に流れ込むように、集中した心を通して自然の風景がしっかりと深層心に印画されるのです。ですから、その影像は鮮明に思い出されるのです。

この再現された自然の影像は、記憶として植えつけられた阿頼耶識の種子《しゅうじ》から生じるのですが、それと同じく、いま眼でもって現実に眼の前に見る山や川の自然界も阿頼耶識の種子から生じたものであると唯識思想は主張するのです。

この心の中の影像としての自然は、三性《さんしょう》でいえば依他起性《えたきしょう》としての自然、すなわち具体的な自然です。これに対して、外界にあると考えられた自然は遍計所執性《へんげしょしゅうしょう》としての自然なので、それは存在しません。でも、一歩ゆずって外界に自然があるとしても、私たちはまずは各人の心の中に現れてくる〝自然〟に意識を凝らして、言葉や思いを付すことなくそれを生々しくとらえてみましょう。そのうえで、「ああ、自然はなんと美しいことか」と言葉と思いでそれを受け止めてみましょう。生《なま》のものから加工されたものへ、これが自然を認識する場合でも大切なプロセスです。花をじっと見ていると花と一体になります。花のいのちが自分のいのちになります。仏壇の花や部屋に飾ってある花々に二、三日水をあげるのを怠っていると、花が枯れることがあります。そういうとき、私は「花さんごめんなさい」と謝ることにしています。それは花も木々も私と同じくいのちあるもの、同じく細胞から構成されたいのちだからです。

自然には山や川があります。バラやキクがあります。虫や鳥が生きています。またさまざまな人間がいます。現象世界はこのように差別の世界です。しかし、この差別の世界の底深いところでは同じものとしてつながっています。それを、〈諸法《しょほう》の真如《しんによ》〉といいます。諸法とは、差別の世界に存在するさまざまな存在をいいます。でもそのような差別は、人間が、私がそうしているだけであって、それらが帰するところは同一です。

「我と万物とは同一根」という言葉があります。これは私たち凡夫《ぼんぷ》にはなかなかわかりません。でも、この言葉を道標として、まずは心の中に現れた自然の影像を観察の対象とし、それが「なに」か「なに」かと追求していこうではありませんか。できれば究極のあるがままのもの、すなわち真如に至ることを目ざして。

心の深層にある自然に触れる

唯識思想が唯心論的傾向の強い思想であるひとつの理由が、自然界をも阿頼耶識《あらやしき》が作り出しているとみるところにあります。自然のことを仏教では「器世間《きせけん》」といいます。自然を器《うつわ》と考えるところに仏教の自然観の特徴があります。その中に生き物が生息できる場所、それが自然であるという考えは、現代の環境破壊の問題を考えるうえにおいて参考になる見方です。

ところで、原始仏教や部派仏教においては素朴実在論的傾向が強く、自然は外界にあると考えられていました。しかし、唯識派はこれを否定し、山川草木といった自然さえも心が変化したものであると主張するに至ったのです。唯識の原語はヴィジュニャプチ・マートラ（vijñapti-mātra）といい、ヴィジュニャプチ（vijñapti）とは「知る」という動詞ヴィジュニャー（vijñā）の使役形からできた名詞で「知らしめる」という意味なので、「唯識」とは根源的な阿頼耶識が対象を知らしめるという意味になります。したがって、自然も阿頼耶識から変化して阿頼耶識が知らしめたものであるということになります。外界に自然があり、それからなんらかの刺激がきて自分の外から知らしめられたのではなく、自分の阿頼耶識が自分に知らしめたのだと主張するのです。このように、「唯識」という語は「すべては知らしめられたもの」ということを原意とし、そして「根源的に存在するのは阿頼耶識だけである」と主張する思想です。では、自然は阿頼耶識が変化したものであるという思想から、私たちはなにを学ぶことができるでしょうか。

まず第一に、「真の自然はなにか」ということを私たちに問いかけてきます。私たちは五感覚によって自然のほんの一部しか認識していません。むしろヨーガを修して感覚を無にしていくならば、感覚ではとらえられない自然を知覚していくことができるようになります。

私たちは自然といえば、例えば、色・形・音などによって知覚される山や川などをいいますが、もっとその奥にある、阿頼耶識が作り出した自然、そして作り出した阿頼耶識自身が対象として認識し続けている自然があるのです。器世間、すなわち自然については、〈**所変**《しょへん》**が所縁**《しょえん》**である**〉と説かれるところが重要です。阿頼耶識から変化したものが同時に阿頼耶識の対象になるというのです。ですから、感覚によって切り取られた部分的な表層的な自然ではなくて、もっと本質的な深層的な自然に私たちはヨーガを通して触れることができるということをこの思想から学ぶことができます。

私は西田幾多郎の純粋経験という思想が好きです。彼は純粋経験こそが実在であるという立場から自己の思想を構築しましたが、その純粋経験における自然観が唯識でいう自然観に近いものではないかと私は考えます。この純粋経験とは、なにか特別な経験ではなく、すべての認識の基盤となっているものです。

例えばものを見たとき、それがなんであるか、思慮分別を加える以前の生《なま》の純粋な経験、それを純粋経験と呼ぶのです。あるいはピアニストが一生懸命ピアノに取り組み、自分とピアノとが一体となっているような永続的な純粋経験もあります。この純粋経験においては、「もの」も「心」もないと彼は言います。たしかに「もの」と「心」とは人間が反省的に分別したものであって、本来的にあるものではありません。したがって、科学者が言う自然がいちばん抽象的な自然であり、むしろ芸術家がとらえる自然のほうが生に近い自然であると彼は強調するのです。

この考え方とは幾分相違しますが、これに近い自然観を唯識思想は持っています。すなわち唯識思想は、深層的には阿頼耶識が作り出した器世間（自然）、表層的には第二次的な自然、この二つの自然はいずれも心の中にある影像としての自然（正確にはいまだ自然とも名づけられないもの）であるというのです。

このような自然観は、人間の知識を力と考え、その力によって自然を支配してきたヨーロッパの近世以後の人間の生き方が物質文明を発展させたものの、とうとう人類のみならず、すべての生物の生存をも脅かす地球環境問題を引き起こしてしまった現代人にひとつの参考となる思想ではないでしょうか。

後述しますように、最近の量子力学でも、私たちは自然を客観的にみる観察者ではなく、自然と一つのセットとなった関与者であるということがわかってきました。このような量子力学の成果と、もう一つは唯識思想の自然観、すなわち、「私が表層の感覚でとらえた自然、そしてそれに思いと言葉によって色づけした自然、そのような自然だけが自然ではない。私の心の中には阿頼耶識が対象としている自然があるのだ」という自然観、この二つを参考にして、自然に対する意識革命を行ってはどうかと私は提案したいのです。森林の伐採などによる自然破壊を防止するには、もちろん政治的、経済的、社会的観点からの改革・改善が必要ですが、しかし、根本的には、やはり一人ひとりの人間の自然に対する見方を変えていくことが重要です。

「自然にやさしく」「自然と共生を」とうたう前に、「自然とはいったいなにか」、それを自分との関係の中で静かに問い質《ただ》してみることが先決であると思います。

感覚のデータと思いと言葉でとらえた「自然」のいわば向こう側にある生《なま》の〝自然〟に思

いをはせてみましょう。すると、これまで固く冷たかった自然が温かく身近なものに感じられてきます。

心の中の吸い殻

私は立教大学に勤めていた頃、大学のキャンパスの中に捨てられているタバコの吸い殻を、学生と一緒に昼休みに拾って歩きました。三十分ばかり構内をローラー作戦で拾い歩くと、なんと五百以上の吸い殻が落ちているのです。なんと嘆かわしいことではないでしょうか。私は怒りさえ覚えました。昔の日本人の礼儀正しい優雅な立ち居振る舞いは世界の人々にも賞賛されたものでしたが、それが戦後七十年の間に、日本人とその社会とは全く別の世界に変貌してしまいました。タバコのポイ捨てから始まって、車内で携帯電話をかける、ヘッドホーンで音を大にして音楽を聴く、路上に座って歩行の邪魔をするなど、枚挙にいとまがありません。なぜそうなったのか、多角的視野からその分析とその治療法とを検討することが必要でしょうが、とにかく私はタバコのポイ捨てだけは阻止しようと、大学でコツコツと有志の学生と努力しました。

その運動に賛同する学生の数も増えてきてうれしいことでしたが、私は、唯識的な考えに基づいてタバコを拾うことを次のように解釈するようになりました。

「汚い吸い殻を拾うとキャンパスがきれいになるが、それは同時に自分の心の中をきれいに掃除することになるのだ。なぜなら吸い殻は心の中の影像だからである」と。

これを一緒に拾っている学生に話すと、わかってくれました。そして、彼らはタバコを拾うのは他人と共有するキャンパスを掃除すると同時に自分の心をも浄化しているという二重の効果があることに、すなわち人のためになることが同時に自分のためにもなるという事実に気づき、タバコ拾いにより情熱的に取り組むようになりました。タバコの吸い殻だけではありません。広く、「ものは心の中の影像である」というこの唯識の教理に照らしてものごとを見直してみましょう。そこに新しい世界が展開してきます。

すべては夢である

唯識思想の基本的主張である、〈唯識無境《ゆいしきむきょう》〉は、唯《た》だ識、すなわち心しか存在せず、心の外には境、すなわち「もの」は存在しないという考えです。「もの」というものをいま「物」というものに限定してみましょう。

私たちはふつう、自分の外に原子・分子から構成される「物」が、例えば、お金、テレビ、冷蔵庫、クーラーなどの身の周りの「物」が、あるいは山や川といった自然が存在すると考えています。もちろんそのように考えるだけなら問題はないのですが、例えば、便利・快適を目的としてテレビやクーラーを購入したいと思い、そのためにお金を稼ごうと思います。お金がないのに借りて購入し、ローン地獄に陥る人もおおぜいいます。また、人間がレジャーとして楽しむために、そして業者がお金を儲けるために、森林を伐採してゴルフ場を建設してしまいます。

しかし、ほんとうにそのような「物」が、そして「物」を構成している原子・分子が、外界に厳として存在するのでしょうか。

この問いに対して、古くは仏教の唯識思想、新しくは現代の量子力学、この二つがノーと答え、いずれも外界には私たちが考えるような「ある大きさを持った粒子」としての原子・分子は存在しないという結論に達したのです。

まず、唯識思想の考えから検討してみましょう。

ギリシャにおいてデモクリトスが、物質は究極の元素であるアトム（atom　分割されないという意味）、すなわち原子から構成されているという考えをはじめて唱えたことは有名ですが、仏教においても当初からそのような原子論が展開されました。仏教ではアトム、すなわち原子にあたるものをパラマ・アヌ（parama-aṇu　もっとも小さいものという意味）といい、「極微《ごくみ》」と漢訳されます（以下、理解を容易にするために極微を原子と表現します）。そしてこの原子と、そして原子から構成される「物」が外界にあるという学派とそれを否定する学派との間で激しい論争が繰り広げられました。詳しい論争の内容は割愛してその対立を簡潔にまとめると、原子ないし「物」があるとみる外界実在論を唱えた学派が、仏教以外では勝論派であり、仏教内では毘婆沙師《びばしゃし》と経量部《きょうりょうぶ》でした。これに対して外界には原子や「物」は存在しない、すなわち唯識無境であると主張したのが唯識瑜伽行派《ゆいしきゆがぎょうは》です。

この唯識瑜伽行派の「唯識無境」、すなわち外界には原子も「物」も存在しないという主張は、ヨーガという実践を通して得られた体験、換言すれば、悟りの智慧《ちえ》に基づいているのですが、しかし、外界実在論者からの反論に対しては論理をもって対抗する必要がありました。このような諸派からの批判を一つひとつ論理的に反証したのが世親《せしん》の『唯識二十論《ゆいしきにじゅうろん》』です。この書において、世親は現代の科学的ないし哲学的観点からも十分に納得できる論証を展開していますので、ぜひ現代語訳などを参照されて一読されることをお勧めします。

世親はこの書において外界実在論を論理的に否定していったのですが、しかし、この書の最後で彼は次のように述べています。

私は自分の能力に応じて唯識であるということを論究してきた。しかし、唯識であるということの全体を私ごときものによっては思惟されえない。なぜならそれは概念的考察の対象ではなく、それは仏陀の境界であるから。

「唯識であるということ」は仏陀、すなわち覚者となってはじめて真に理解できるのであると述べている点に注目しましょう。私たちは、いま生きて目覚めてこの世界の中に住んでいると考えています。しかし、ほんとうに目覚めているのでしょうか。自分が見、聞き、考えるとおりにものごとは存在するのでしょうか。唯識思想は、「そうではない。すべては夢の如し、いや、夢である」と主張するのです。夢であるから外界にものがないというのです。この主張は、夢を夢と気づいていない、すなわち夢からいまだ覚めていない私たちは、心の底から納得できません。でも「唯識無境」、さらには〈唯心如夢《ゆいしんにょむ》〉という言葉を静かに心の中に浮かべて、それに意識を凝らし、観察し思惟してみましょう。するとその言葉の意味するところが少しははっきりとしてきます。

仏は二諦でもって法を説く

紙は表と裏とから成り立っています。しかし、私たちは表だけを見てそれが紙であると思い、裏があることを忘れています。このように、隠れた側面によって顕れた側面が支えられているというのが、すべての存在に当てはまる存在のありようです。

ですから、紙の表だけを見る人と、表と裏の両面を見た人とではものの見方、生き方が変わってきます。

二十世紀に入って物理学の領域でも、いわば紙の裏の世界を見るようになりました。すなわち、量子力学の発展によってミクロの世界でのもののありようがマクロの世界でのありようと全く相違するという事実が発見されたのです。

量子力学は、物質を構成する究極の粒子、すなわち素粒子はある大きさをもった粒子とし

（表）　世俗諦《せぞくたい》（有あるいは無）――――　マクロの世界（顕れた世界）

（裏）　勝義諦《しょうぎたい》（非有非無）―――――　ミクロの世界（隠れた世界）

て存在するのではないという結論に達したのです。しかもその存在のありようは、私たち観察する側の心のありようによって影響されるという事実も発見されたのです。これについてさらに考察する前に、唯識思想が説く二つの世界観を紹介しましょう。

例えでいえば、紙に表と裏とがあるように、一つの存在には両面があることを、「仏は二諦《にたい》でもって法を説く」といいます。法とは教え、二諦の諦とは真理という意味で、世俗諦《せぞくたい》と勝義諦《しょうぎたい》です。このうち世俗諦とはいわば紙の表の世界であり、人々と共に生き、自と他とが対立し、しかも言葉が通用する世界です。これに対して勝義諦とは、自他の対立がなくなり、しかも言葉が通用しない、あるがままの世界、真理の世界です。そこを唯識思想は真如・空《くう》・法界《ほっかい》・円成実性《えんじょうじっしょう》などさまざまに表現しますが、本来的には言葉では表現できない（不可言説《ふかごんぜつ》・不可思議・離言《りごん》）世界、一人ひとりがいわば冷暖自知しなければならない世界です。

前述しましたように、世親の「唯識とは仏陀の境界である」という言明は、この勝義諦の世界に住してはじめて、一切が心の現れであり、かつ夢であるということを智《し》ることができるということを述べたものです。

観察者から関与者へ

さて、ここで話を量子力学に戻しますが、量子力学を発展させた人々の眼は、その方法は違うにしても、この言葉では語りえない世界、自他対立が止揚された世界に近づきつつあるのではないかと最近私は考えるようになりました。そのようなことはありえない。科学と仏教とは違うのだと反論される方がおられるでしょう。しかし、ここで静かに観察し、考えてみましょう。

「科学の一分野である量子力学という物理学の研究者は、観察の眼を外に向け、外にある原子ないし素粒子のありようを考察するのに対して、唯識という思想を打ち立てた人、すなわちヨーガを実践する人の眼は心の内に向かい、心の中にある影像のありようを考察するのであって、両者は観察の方向と観察の対象とが違うのである」

このように反論者は両者の違いを指摘するでしょう。

しかし、ほんとうに両者の「観察の方向」と「観察の対象」とは相違するのでしょうか。結論からいえば、両者は相違しないといえます。なぜなら、物理学者にしてもヨーガ行者にしても、観察するいわば「場」は、共に常に「心」であり、しかも観察の対象としての原子（仏教では極微）は、物理学者にとっても心の中の影像であるからです。両者はいずれも同じ場で同じ存在性（すなわち影像としての存在性）を持つ対象を観察しているという事実を明確に認識する必要があります。

もうひとつ問題とすべきは、私たちがいま住んでいるこのマクロの世界（唯識でいう世俗諦の世界）では、言葉が、しかもAと非Aとに分ける二分法的思考が通用する世界です。例えば、「ここに一本の鉛筆がある」と判断しますが、その判断の中では「鉛筆」と「鉛筆でないもの」とに分けて、ここでは「鉛筆である」と判断し、かつ「ある」と「ない」という二つの存在のありようを前提として、ここでは「ある」と判断したのです。

しかし、勝義諦の世界と量子力学が解明したミクロの世界とでは、どちらもこのような判断が成立しないということに注目しましょう。

まず唯識思想が説く勝義諦の世界は、前述したように言葉が通用しない不可言説、不可思議の世界ですが、あえて言葉でいえば、存在は「あるのでもなく、ないのでもない」、すなわち「非有非無《ひうひむ》」であるということができます。あるいは「ありかつなく、なくかつある」、すなわち「有即無《うそくむ》、無即有《むそくう》」ということができるでしょう。

これに対して量子力学も、二分法的思考が通用しない世界に立ち入ったようです。例えば、光は粒子性と波動性という二つの性質を兼ね備えていることがわかりましたが、光（電子もそうですが）を粒子と波動とに分けてそのどちらかであると判断できないのです。ですから光は、あえていえば「粒子でも波動でもないもの」、すなわち「非粒子非波動」といわざるをえないでしょう。あるいは「粒子でありかつ波動であり、波動でありかつ粒子である」、すなわち「粒子即波動、波動即粒子」というべきです。

また、ハイゼンベルクの不確定性原理に注目してみましょう。この原理は、「電子の位置がわかると速度がわからなくなり、速度がわかると位置がわからなくなる」という原理です。この電子の振る舞いはマクロ世界では考えられないことです。マクロの世界では、例えば、「いまここに一つの球があり、その位置と速度とは○○である」と観察し判断することができます。しかし、電子に関しては「一つの電子がいまここにあり、その位置と速度とは○○である」と観察し、判断できないのです。ですから、「電子はあるようでなく、ないようである」と判断するほうが、そのありようにもっとも近い表現だといえるでしょう。

このように、量子力学のミクロの世界と唯識思想が説く勝義諦の世界とは共通の面をもっています。これによって両者を一気にイコールであると断定することは危険ですが、少なくともこの二つの見解は紙の表だけではなく紙の裏にまで立ち入って考究し、隠れた奥深い存在の様相を解明しているという点では共通性があります。

唯識という思想は、唯識無境から境無識無に、すなわち空の世界に至り、真の智慧を得て人々の救済活動を行うための方便としての唯心論であるのに対して、量子力学は決して苦しみ悩む人々の救済を目ざしたものではありません。

しかし、量子力学が解明した物質とは、事物とは、自然とは、世界とはなにかという情報を学ぶことによって、私たち現代人はあまりにも「もの」に執着し過ぎて苦しみ悩む病弊を少しでも癒すことができるのではないでしょうか。

とにかく、量子力学のミクロの世界の解明によって、次のような事実が発見されました。

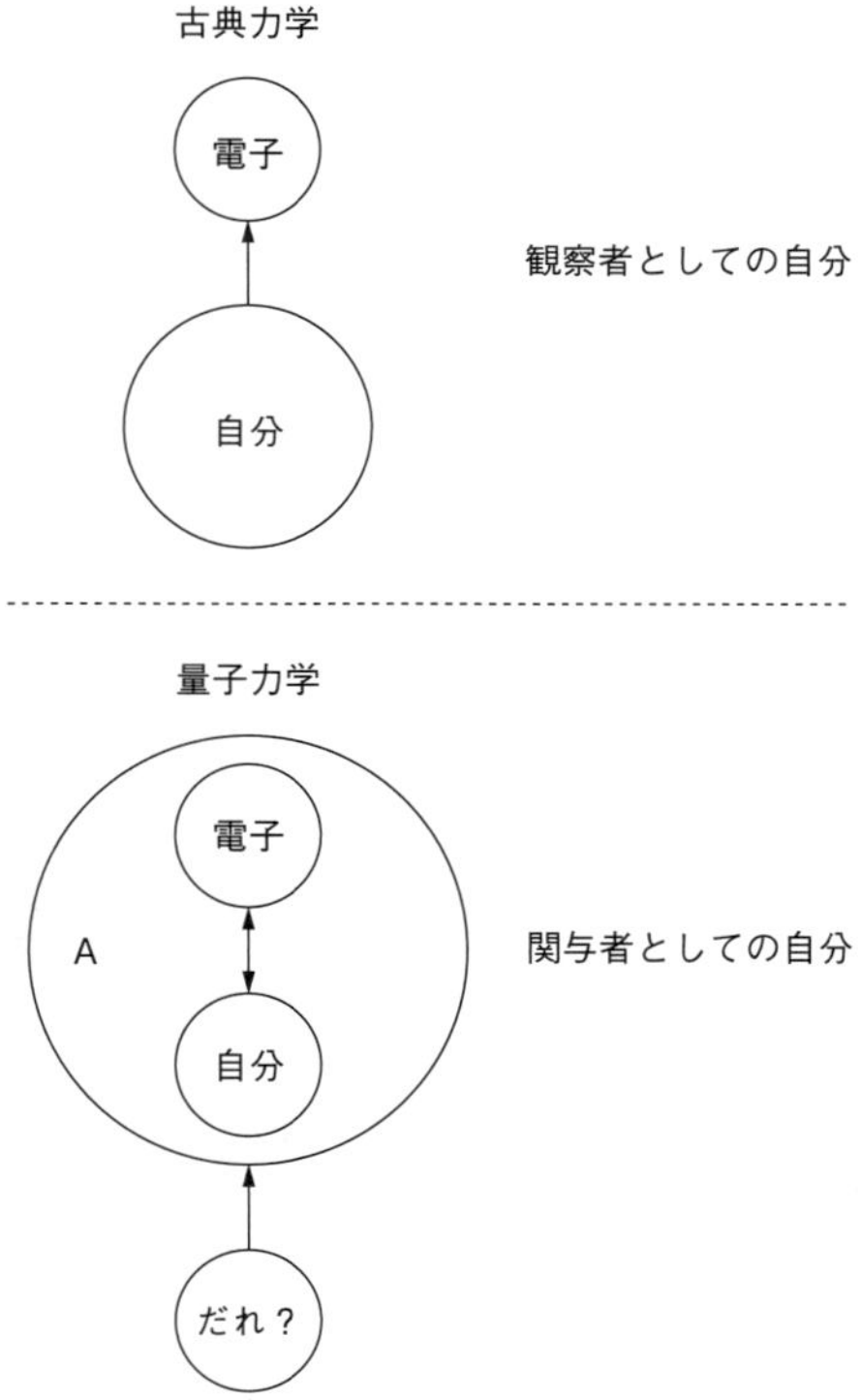

“自分”はどうすればAの世界から抜け出てAでの出来事を観察することができるか。この世界は唯《た》だ心が作り出した夢であると悟る覚者、すなわち「仏陀」になればそれが可能なのか。

すなわち、「私たち人間は〝存在のありよう〟を観察しているのではなく、存在に関与しているのである」という事実が解明されたのです。

私たちは、これまで自分の前にあるものを、広くはある存在の「存在のありよう」を、それらから抜け出て、それを客観的に対象として知覚している観察者であると思っていました。しかし、そうではなくその存在といわば「ひとつのセット」の中にある関与者であるという事実が判明したのです。

この「存在への関与者」という量子力学の結果を一気に唯識思想の「唯識所変《ゆいしきしょへん》」「唯識無境《ゆいしきむきょう》」「一切不離識《いっさいふりしき》」という考えと同一視することは危険ですが、このような量子力学の発見を踏まえると、「唯識」という考えが少なくとも全く独断的な思想ではないとはいえるでしょう。

第九章　ヨーガの生活

ヨーガの原意

インド人が人類に果たした大きな貢献のひとつとして、ヨーガ（漢訳で瑜伽《ゆが》）という実践、修行の方法を発明したことがあります。現在、日本に禅宗《ぜんしゅう》という宗派がありますが、その禅というのも、あるいは勉強三昧、道楽三昧と日常的に使われている三昧《さんまい》も、いずれもヨーガのひとつです。

では、ヨーガとはなんでしょうか。インド一般に広くいえば、ヨーガとは「解脱《げだつ》に至る道」ということができます。もっと内容的にいえば、「感覚器官を統御し、心を静め、精神を統一する方法」であると定義できます。仏教を開いた釈尊も六年間にわたる苦行の後、最終的にはヨーガを修して悟りを得ました。その後、仏教においてヨーガの実践が重んじられ、特に唯識思想を打ち立てた派は唯識瑜伽行派《ゆいしきゆがぎょうは》と呼ばれるようにヨーガの実践を重要視し、その結果、阿頼耶識《あらやしき》説、あるいは三性《さんしょう》説などの新しい教理を提唱しました。ここで、ヨーガがどのようなものであるかを詳しく考えてみましょう。

まず、ヨーガを原語から分析してみます。ヨーガの原語 yoga は、結合するという動詞

yujから派生した名詞で、「結びつく」「結合する」というのが原意です。では、なにとなにとが結合するのか。それは次の二段階にわたる結合を意味します。まずは、「身と心との結合」です。

通常、私たちは自分という存在は身体と心から成り立っていると考えます。ですから、身体を美しくみせたい、身体はいつまでも若くて強くありたいと願います。そのときは「身体」とそう考える「心」とが分離しています。その二つの分離を一つに結びつける、これがヨーガが目ざす、まずは最初の目的です。

その方法のひとつが、例えば、吐く息・吸う息に成り切ってみることです。息が自分か自分が息かというほどに全エネルギーを息に集中し、さらに集中し続ける。するとそこに、身と心とが結合された身でも心でもない非身非心《ひしんひしん》の世界が現れてきます。このように、身でも心でもない息を媒介として非身非心の世界にいわば復帰する、これがまずはヨーガが目ざす第一の目的です。

次に目ざすのは、そのように身心が結合したところに現成《げんじょう》する、「新たな〝自分〟と真理との結合」です。すなわち、いわば個がその中に融解してしまうところの真理、すなわち真如《しんにょ》と結びつくことです。これによってヨーガの目的が完成するのです。

四つのヨーガ

以上はヨーガの原語からの考察でしたが、次に経論の具体的な叙述にしたがってヨーガの内容を詳しく考えてみましょう。まず『瑜伽師地論《ゆがしじろん》』三十八巻に、ヨーガ（瑜伽）として次の四種が挙げられています。

一、信《しん》
二、欲《よく》
三、精進《しょうじん》
四、方便《ほうべん》

ここには信じる、欲する、精進する、方便（修行）する、の四種がヨーガであると説かれています。このことからヨーガ、すなわち瑜伽といえば静かに坐るということを想像しますが、決してそれだけではなく、いわば真理・真実を追い求める生活全体がヨーガであるということになります。

この『瑜伽師地論』の所説によってしばらくさまざまな問題をも考慮しながら、具体的な生活の場でどのように生きるべきかを考えてみましょう。

信じるというヨーガ

①信じる心とは、「澄清心、清浄心である」、すなわち清らかで澄んだ心であると定義されています。あのバラモン教の信がバクティ（bhakti）といわれ、熱愛と訳されるように情熱的な激しい信仰であるのに対して、仏教の信はシュラッダー（śraddhā）といい、澄んだ静かな信仰です。

そして、その澄んだ心に現れてくる理、道理、真理が信仰の対象となるのです。したがって『瑜伽師地論』には、「信とは〝諸法の道理を観察する〟ことである」と説かれています。諸法の道理とは一切の存在を支配している、〈縁起《えんぎ》の理《り》〉です。縁起の理とは、すでに繰り返し述べましたように、「AあればBあり、AなければBなし」という法則です。これはまことに簡単明快な法則ですが、少し大げさにいえば、物理、心理、生理ないし倫理のすべての理の根底にある理であるといえるでしょう。

私は、この理を日常生活の中に生かそうという意志を持つならば、その人の生き方が大きく変わってくるものと信じています。いま一瞬の「自分」がある。それはなにがあるからなのかと追求していくと、無量無数の縁の力によって生かされていることに気づきます。そして、その気づきは感謝の気持ちを起こし、それが他者への慈悲の行為となって展開していきます。

例えば、トロを口にしたとき、その味に成り切ってみましょう。そして、いま自分の舌の上に生じたこのおいしい「味」はなにによって生じたのか、と考えてみる。すると舌の存在から始まって、神経、脳ないし身体全体、さらには味をおいしいと味わうこの心、さらにはそのトロを料理してくれた人、魚を捕ってくれた人、魚そのもの、さらには魚を育ててくれた海ないし太陽と、その因果の鎖は無限に広がり宇宙全体につながっていきます。そのトロが味わえるのは、ほんとうに宇宙全体のおかげであるということに気づきます。

縁起の理、すなわち唯識の用語でいえば依他起《えたき》の理こそ、まさに生きるうえで忘れてはならないよりどころとしての道理です。

若いときにはなかなか理解できなかった、「縁起をみるものは法（真理）をみる。法をみるものは縁起をみる」という釈尊の言葉がいま私の心の底にまでしみ込んできます。

②次に「補特伽羅《ふとがら》の神力《じんりき》を信じる」と説かれています。補特伽羅とは自分、神力とはすばらしい力、すなわちこの自分には潜在的にすばらしい力があると信じることです。

では、どのような力なのでしょうか。それを唯識的に解釈しますと、深層心の阿頼耶識は一切種子識《いっさいしゅうじしき》といわれるように一切を生じる力を持っているのです。私だけではなく、広く人間一般を考えてみましょう。たしかに人間は善きにつけ悪しきにつけ、いかなることでも成し遂げてきましたし、これからも成し遂げるでしょう。人間は環境に適応する知恵と力を身につけることによって、現にみるような高度な科学技術の文明を築き上げてきました。DNAの解明、遺伝子治療の開発が進み、遺伝子組み換えによる新しい食品が次々と作られています。いずれ人間が、自らがその一部であるいのちそのものを創造する日もそう遠くはないでしょう。

このように、人間は無限の力を潜めています。でも、このような力は、すばらしいと同時に恐ろしい側面をも持っています。科学技術といいますが、科学と技術とは違い、科学は知識であり、技術はその応用ですから、知識を技術に応用するとき、そこに人間の意志が介入し、その意志が目ざす目的いかんによっては、そこに恐ろしい産物が生じます。すなわち、過去においては原子爆弾という殺人兵器が作られ、いままさにクローン人間が作られようとしています。科学的知識への人間の欲望には際限がありません。ほんとうに人類が目ざす「知」の方向はこれでよいのでしょうか。この知の暴走をくい止めるにはどうしたらよいでしょうか。その方法を考えることが、いま人類に課せられた急務ではないでしょうか。

以上は人間として問題のある力を論じてきましたが、ここでいう「補特伽羅の神力を信じる」というのは、人間は真理・真実を悟る、すなわち仏陀（覚者）になる可能力を持っていると信じることです。大乗仏教には、〈如来蔵《にょらいぞう》〉という思想があります。これは迷える凡夫《ぼんぶ》は煩悩《ぼんのう》の汚れに覆われてはいますが、元来、如来、すなわち仏陀になる力を潜めているという思想です。後に、唯識思想もこの如来蔵思想と結びついていきますが、初期の唯識思想（例えば『瑜伽師地論』や『解深密経《げじんみつきょう》』などの所説）では、仏陀になる、あるいは涅槃《ねはん》を得る力は阿頼耶識の中に種子として潜在しているという考えでした。

ほんとうに人間はすばらしい力を持った存在です。そのひとつが、釈尊にその先例をみるように、人間には「生老死《しょう》」という苦を解決することができるということです。老いていくシステムが、いま遺伝子やDNAの段階で解明されつつあります。いずれ老化の進行を遅らせる技術が開発されるでしょう。しかし、それには限度があります。人間は決して永遠に生き続けることはできず、常に老い死ぬ苦しみから逃れることはできません。

これに対して仏教は、人間は努力精進すればこの老死の苦を解決できると説くのです。現に釈尊は、菩提樹の下で無上正覚《むじょうしょうがく》を得て悟られたとき「不老不死の世界に触れた」と言明されたのです。人間は意志とそれに基づく行為（業《ごう》）とによって死をも乗り越えることができるのです。

ところで、力には「無常力《むじょうりき》」と「業力《ごうりき》」との二つがあり、どちらがより強いかということが『婆沙論《ばしゃろん》』などの部派仏教の論書の中ですでに論議されていますが、私は後者の業力のほうが強いという意見にくみしたい。

たしかに、無常の力は人間存在だけではなく、山や川などの自然界をも支配しています。ほんとうに諸行無常であり、万物は変化してやみません。

この地球もあと数十億年後には太陽の引力に引かれて近づき、燃え尽きてしまいます。生じたものは必ず滅します。

しかし、この無常力に支配される「老」を、「死」を、人間は自らの業の力で解決し、乗

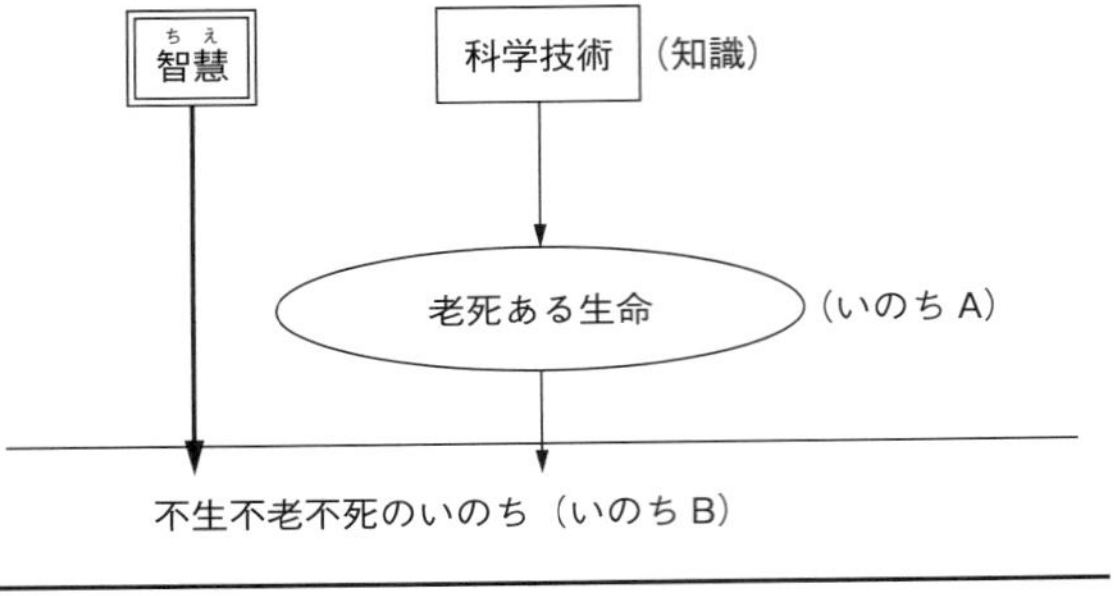

り越え、不生不老不死の世界に至ることができるのです。人間の業力は無常力に勝つ、これはなんとすばらしいことではないでしょうか。

上の図は「いのち」とはなにかを教えてくれます。「いのちA」は、いわば現象としての表層的ないのち（生命）です。唯識の術語でいえば、依他起性《えたきしょう》・遍計所《へんげしょ》執性《しゅうしょう》としてのいのちです。これに対して、智慧でもって至り得た「いのちB」は、いのちAがその中に融解してしまう根源的な「おおいなるいのち」です。人間はそこに至ろうという意志（誓願《せいがん》）を持ち、そして身心挙げて努力精進するならば、必ずやその願いは達せられるという事実を信じようではないかというのが、「補特伽羅の神力を信じる」ということであると私は解釈したいのです。生きていながら老死の苦を解決できたら、なんとすばらしいことではないでしょうか。そのときはじめて「南ニ死ニサウナ人アレバ　行ツテコハガラナクテモイイ」と言える人になることができるからです。

欲するというヨーガ

欲は「愛欲」「貪欲」という意味では否定すべき言葉ですが、この場合の欲は、肯定すべきよい意味での欲です。この欲として①証得欲《しょうとくよく》、②請問欲《しょうもんよく》、③修集資糧欲《しゅじゅうしりょうよく》、④随順瑜伽欲《ずいじゅんゆがよく》の四つが挙げられています。

①「証得欲」とは、解脱しようとする欲です。解脱とは、基本的には「苦から逃れ出ること」と定義ができ、その苦をまとめると生《しょう》・老・病・死の四苦《しく》、あるいはそれに愛別離苦《あいべつりく》・怨憎会苦《おんぞうえく》・求不得苦《ぐふとっく》・五陰《ごおん》（蘊《うん》）盛苦《じょうく》を加えた八苦《はっく》になります。

これらは整理すればこうなるということであって、実際にはもう無量無数の苦を人間は味わいつつ人生を送ることになります。もしも「宗教」というものがあるとするならば、すべての宗教は「苦からの解脱」を共通の目的とするといえるでしょう。釈尊も四門出遊《しもんしゅつゆう》の話にあるように、老病死の苦を解決するために出家されました。またあの『旧約聖書』の冒頭にある、アダムとエバのエデンの園からの追放の話は、結局はなぜ人間には死という苦しみが与えられたのか、それから逃れるにはどうすればよいのかという人間共通の問題意識から作られたものと解釈することができます。

いま、「死」という根源的な苦を問題としましたが、身近にある苦としては、例えば、コンプレックスがあります。コンプレックスはたしかにつらいものです。ときには、それは人を自殺にまで追い込んでしまいます。特に若いときは、「自分はなんでこうなんだろう」と悩みます。そこにはエゴ（我執《がしゅう》）が強く働いているからです。しかし、そのコンプレックスをばねとして、「よし、それを乗り越えて新しい自分を確立しよう」と決意するとき、そのコンプレックスは逆に飛躍への弾みとなります。大地を強く踏みしめる人ほど高く飛び上がることができるように、苦という現実を強く味わった人ほど、理想に向かって高く飛躍することができます。

現実を味わい、理想に向かって飛躍しようとする人、それを仏教では「菩薩《ぼさつ》」といいます。上求菩提《じょうぐぼだい》・下化衆生《げけしゅじょう》という二大誓願をもって、「いったいなにか」を解決しようと願い（上求菩提）、同時に「いかに生きるか」を追い求めて苦しむ人々を救済しようと願う（下化衆生）人です。このような誓願に生きること、これは仏教だけに限らず、人間の普遍的な生き方であると私は最近強く確信するようになりました。「菩薩道の復活を！」と提唱するゆえんです。

②次の「請問欲」とは、深い悟りを得た人のところに詣《もう》でて、その人から教えを聞こうと欲することです。正しい教えを聞くことが重要ですが、その前に正しい教えを説示してくださる正しい師に会うことが大切です。そのような師を求めようと欲すること、これも真理追求の過程において重要な契機であります。

私たちは強いエゴ心を持っているので、そのエゴ心を抑えようと思っても自分ではなかなか抑えることができません。このように自我への執われが人間にはありますが、それは深層に働く自我執着心、すなわち末那識《まなしき》がなせるわざです。粘っこく深層に働く自我執着心があるからこそ、私たちの行為は常に自己中心的にならざるをえません。

そのような、自分ではどうすることもできない強いエゴをなくすためには、本から学んだり知的になにかを理解するだけではだめです。その人の横にいるだけでエゴ心のまちがいを恥じてしまうような、厳しく怖いがしかし、実は慈悲心に満ちた優しい正師《しょうし》に出会うことが必要です。粘っこいエゴ心は、根源にまで帰りえた人の力強い影響によってはじめて削り取られていくものです。正しいすばらしい師に会いたい、出会いたいという行雲流水《こううんりゅうすい》の気持ちを抱くことが、特に若いときには必要です。大学で学ぶことも必要ですが、すばらしい師との出会いを求めて世間に入るようにと常に大学で私は学生に訴えています。

③次の「修集資糧欲」とは、悟りに達するための資糧を身につけようと欲することです。何事ものごとは一気に達せられません。植物も長い間栄養を吸収することによって、最終的に実《み》を結ぶことになります。人間においても、悟りという実を結ぶにはその準備段階に栄養を摂る必要があります。資糧とはその栄養や肥料に相当するものです。

では、どのように生活することによって栄養を摂るのかといえば、「戒律を守り、食に於いて量を知り、睡眠を減らし、正しい智慧を持って生きる」と説かれています。

戒律についてはあとで触れることにして、「食に於いて量を知る」、すなわち「食べる量を知って食事を摂る」ということについて考えてみましょう。

これはまさに、飽食の時代に生きる私たちに対する大きな教訓です。第七章で安危同一《あんきどういつ》という思想を紹介しましたが、それは表層の身体と深層の阿頼耶識とが生理的・有機的な相互因果関係にあるという考えです。ですから、例えば、身体が太りすぎるとじかに阿頼耶識に悪い影響を与え、深層から病む状態になるのです。逆に、阿頼耶識に異常があれば身体にその影響が現れます。現在、問題となっている過食症や拒食症の根本原因は、深い心の領域に求めることができるといわれています。

戒律のひとつに非時食戒《ひじじきかい》というものがあります。それは、食事は昼までの二食にして、昼以後は食事を摂ってはいけないという戒めです。いまでも、タイやミャンマーの僧侶の方々はこの戒を厳格に守っています。以前に、なぜそのような戒を守っているのか聞いたところ、夜はもう寝るだけであるから、ことさら食事を摂る必要がないという答えが返ってきました。夕食を主食として多量の食事を摂り、深夜まで起きている現代人、それは時代の風潮であると片づけてよいものでしょうか。

「睡眠を減らす」というのは、眠ることは生きるうえで、そして健康のために必要ですが、人間の欲望の一つである睡眠欲についついい負けて惰眠を貪《むさぼ》り、人生の貴重な時間を浪費してしまうことに対する戒めです。私は「三帰依文《さんきえもん》」の、人身《にんしん》受け難し今既に受く。仏法聞き難し今既に聞く。此の身今生《こんじょう》に度《ど》せずんば、更に何《いず》れの生《しょう》に於いてか此の身を度せん。

という冒頭の一文と、「諸行は無常なり、汝ら放逸することなかれ」という釈尊の遺言に思いをはせるたびに、「精進すべし、精進すべし」という声が内からわいてきます。

④最後の「随順瑜伽欲」とは、瑜伽、すなわちヨーガを修したいと欲することです。私たちの日常の生活は、いわば大波小波が生じては滅する海の表面を漂っている状態で、心は乱れ、迷い、苦しんでいます。その心のありようをまとめて、〈散心《さんしん》〉といいます。その乱れた心を、静かな定まった心、すなわち、〈定心《じょうしん》〉にするためにヨーガを実践したいというのがこの欲です。ほんとうに一日数十分でもいい、静かに落ち着いた定まった心、すなわち「定心」に帰っていきたいものです。白隠禅師《はくいんぜんじ》の「坐禅和讃《ざぜんわさん》」に、

一坐の功をなす人も、積《つみ》し無量の罪ほろぶ。

という一文がありますが、私は若いときは、一坐の「一」と無量の罪の「無量」とにとらわれて、少し坐っただけでなぜ無量の罪がなくなるのか、そんなばかなことがと思ったものでしたが、最近では、ほんとうにしばらくでも定心に返り、無分別智《むふんべつち》の火を燃やすならば、

阿頼耶識の中にある汚れた種子が焼かれてなくなっていくことを実感するようになりました。「少しでも多くの時間ヨーガを修したい、定心に戻りたい」と欲することが、自己変革への大きな動因になります。

精進としてのヨーガ

信じ、欲するという過程を経て、次に精進するという行為が展開してきます。この精進として①聞精進《もんしょうじん》、②思精進《ししょうじん》、③修精進《しゅしょうじん》、④障浄精進《しょうじょうしょうじん》の四つが説かれています。

このうち①から③までは聞→思→修と展開する一連の精進です。唯識思想は「識を転じて智を得る」ことを目的としますが、その智、すなわち智慧を「聞慧《もんえ》」と「思慧《しえ》」と「修慧《しゅえ》」の三つに分類し、聞慧から出発して思慧を経て最終的に修慧となって智慧は完成されると考えるのです。このうち「聞慧」とは、教えを聞くことによって得られる智慧です。例えば、「一切は唯《た》だ識によって作られたものである」、すなわち「唯識所変《ゆいしきしょへん》である」と聞くことによって「唯識である」と智《し》る智慧です。しかし、この段階ではまだ正式には「唯識であると知る知識」というべきです。

次に、この聞いた教え、例えば、「唯識」という教えの内容を思考することによって得られる智慧が「思慧」です。この段階では、言葉は用いたり用いなかったりします。このような思考によって、教えが指し示す事実そのものへ近づいていきます。そして、もはや言葉を離れて教えが指し示す事実そのもの、例えば、「唯識」そのものの中に繰り返し住することによって得られる智慧が「修慧」です。

このように、聞↓思↓修と展開する人間の心の深まりが、精進についてもいわれているのです。以下、この三つの精進についてもう少し詳しく考えてみましょう。

①聞精進《もんしょうじん》

教えを聞くという精進です。人間は、言葉によって誤り迷い苦しんでいるということはすでに繰り返し述べてきました。手を見て「自分の手」といいますが、「自分」というのは言葉の響きがあるだけで、それに対応するものはどこを探しても見当たりません。それなのに、ない自分をあると思い込み、その「自分」に執着して苦しみ悩み、ときには罪悪までも犯してしまいます。これに対して唯識思想は「無我《むが》である」「我《が》は空《くう》である」と説きます。

また、さらに人間は自分の外に「もの」を設定し、それを得たいと追い求めて苦しみ悩みます。これに対して唯識思想は「唯識無境《ゆいしきむきょう》である」と一刀両断のもとに切り捨てます。

この「無我」、あるいは「唯識無境」という教えを繰り返し聞くことによって、不思議なことにそれを信じるようになり、エゴ心が薄れ、より自由にこだわりなく生きていくことができるようになります。それは正しい教えの言葉が深層心の阿頼耶識に潜む清らかな種子《しゅうじ》にいわば水や肥料を与え、それを生育させ、ついに芽が吹くからです。繰り返し聞くこと、これを「正聞熏習《しょうもんくんじゅう》」といいますが、自己変革の過程においてこれも重要な契機となります。

②思精進《ししょうじん》

「一切の現象で常なるものは存在しない。すべては生じては滅する無常なるものである」という「諸行無常」の教えがあります。唯識思想では、この教えを聞いて信じるだけでは不十分であり、その聞いた教えの内容を自ら考えることが次に要求されます。

眼や耳といった感覚器官を働かせて、例えば、落ちる木の葉を観察する、あるいは静かに坐って吐く息、吸う息を対象にして、息が一瞬一瞬生じては消え去っていくことを観察する。それによって諸行は無常であるということを自ら観察し、考え、そして納得する。これが思精進です。

考えるといいましたが、それは単に知的に頭の中だけで考えるのではなく、前に述べたように、その思考のありようは「如理作意《にょりさい》」といわれ、それは原語的に解釈すると、子宮から思考することとです。子宮とは子どもを生む根源ですが、現象、すなわち「事」を生じる根源を「理」と考え、その理の如くに、理に則して、理にしたがってものごとを考えていくことが要求されているのです。

このことを、たとえを挙げて考えてみましょう。「もの」と「もの」の間には、万有引力という法則が働いています。ですから、例えば、手から物体を放すと、地球の引力に引かれてその物体は落下します。いまこの引力の法則、すなわち引力の理を理解するには二つの方法があります。一つは、眼の前にある物体が落下するのを見て、そこに引力の理が働いていることを知るという知り方です。これによって知られる引力は、あくまでいわば対象化された引力です。

これに対してもう一つは、どこか高い所から飛び降り、自らがじかに引力の理に任せて落下して、それによって引力を智《し》るという智り方です。この二つの知り方のうち、前者は「知る」であり、後者は「智る」であると区別することができます。もちろん後者の智り方を唯識思想は強調するのです。このように理に任せ、理に則して思考すること、これが「如理作意」です。

このような思考には、意識を集中して鋭くものごとを観察することが要請されます。仏陀（覚者）になると、意識を転じて妙観察智《みようかんざつち》を、すなわち妙《たえ》に観察する智慧を得るといわれています。私たち凡夫は、そこまでいかなくても凡夫として妙にものごとを観察するために、意識をフル回転させせようではありませんか。

意識には、「感覚と共に働いて感覚を鮮明にする」働きと、「言葉を用いて概念的に考える」働きという二つの働きがあることはすでに述べました。この二つの働きを同時に巧みに使いながら存在の奥にますます深く入っていくこと、これが思精進です。

意識を用いてこのように考えていく姿勢は、考えるとは言葉で論理的に考えることであると教えられ、ものごとのいわば表層しかとらえることができない現代人に欠けていることではないでしょうか。

③修精進《しゅしょうじん》

聞き、考えることは、登山にたとえると山の中腹に至るまでの過程であって、最後に山の頂上に登りつめるには、ヨーガや禅定《ぜんじょう》を修し続けることが必要です。

この修精進の修は修習《しゅじゅう》ともいわれます。それはまた「数々修習《そくそく》」ともいわれ、繰り返し繰り返し修行し続けることです。釈尊も、無上正覚を得るまでには六年にもわたる厳しい修行を経ました。達磨大師《だるまだいし》の「面壁九年《めんぺき》」の修行も有名です。

聞くこと、言葉で考えることを通過して、最後の最後、繰り返し繰り返し真理・真実に住し続ける精進、これが修精進です。

止観（ヨーガ）の実践

四つの瑜伽の中の最後の方便瑜伽こそが、まさに結跏趺坐《けっかふざ》して静かに坐るヨーガのことです。このヨーガは①止（śamatha　奢摩他《しゃまた》）――静寂な心、②観（vipaśyanā　毘鉢舎那《びばしゃな》）――ありのままにみる心、の二つから成り立っています。

「止」も「観」も共に心のありようですが、前者の「止」は乱れる心を止めた「静寂な心」、後者の「観」は「ありのままにみる心」です。この二つは別々に起こるのではなく、例えば、桶の水の表面が波ひとつなく静まると、そこに満月がありのままに映し出されるように、静まった心が同時に存在をありのままにみる心となるのです。

私たちの心は、大波小波に揺れ動く海の表面のように、ほんとうに乱れに乱れています。ですから、荒波の海が島々をそっくり映し出すことができないように、乱れる心は存在の真相を観ることができません。また、なにか目の前でものが動くとそれを見ますし、どこかでドカーンと音がするとビクッとして心が動揺します。

このように、心のエネルギーは主に眼と耳という二つの感覚器官を通して外に流れ出て、感覚の対象のために浪費されています。そのような心の浪費をやめて、心のエネルギーを内に止め、かつ乱れる心を静めていく、これがヨーガの最初のありようです。

視覚の刺激をなくすために眼を閉じましょう（正式には、眼を閉じると妄念がわいてきますから半分閉じた状態、すなわち半眼《はんがん》にします）。しかし、周りで音がするとそれに心が奪われて乱れてしまいます。その聴覚による乱れを（さらにその他の嗅覚・味覚・触覚による乱れを）起こさないために、例えば、吐く息、吸う息に心の全エネルギーを集中せしめて息に成り切ってみましょう。すると心がスーッと静まり澄んできます。この成り切る心の働き、力を、〈念《ねん》〉といいます。念仏という場合の念です。念仏とは、いま例に挙げた息の代わりに、仏の姿を心の中に描いて、その姿をいつまでも消すことなく思い続ける、すなわち念じ続けることです。このように、念とはあるひとつの対象を心の中にはっきりと記憶してそれを忘れない心の働きをいいます。

この念が、乱れる心を静かにしていく力となります。念に力を付して念力という場合があります。以前、念力によってスプーンを曲げるなどと話題になりましたが、念力とは決してそのようなものではありません。心を静め、存在のあるがままの相を観察するための最初の動力因となるもの、それが念です。

この「念」の力で心の乱れを静め続けると、例えば、息に成り切り、成り切っていくと、夕方の凪《なぎ》の海面のように心は静まり、定まっていきます。すなわち「定《じょう》」が生じます。止観《しかん》でいえば止の心が生じます。そして凪の海面に島々がそっくりそのまま映し出されるように、その定まった心に存在がありのままに映し出されます。この心の働きを「慧《え》」といいます。止観でいえば観の心です。このように、念が定を起こし、定が慧を生じます。この念↓定↓慧と展開する心の過程がヨーガの内容です。

私たちの日常生活を反省してみましょう。街には騒音があふれ、テレビや新聞などを通して情報が乱れ飛んでいます。まさに外界からの刺激に負けて、私たち現代人の心は深層の領域から乱れに乱れています。この現代人の病を癒すためにも、静寂な「止の心」を修しましょう。

また、私たちはいかにまちがった認識をしていることか。「もの」があふれる現代、「もの」への「自分」の欲望がますます昂じてそこに苦しみや罪悪が生じます。ほんとうは「もの」も「自分」も存在しないのに、存在すると見まちがっています。その誤認をなくすために、ものごとをありのままにみる「観の心」を起こすことが必要です。止と観、すなわちヨーガがいまほど求められている時代はありません。

正聞熏習と無分別智

人間はなんと汚れ、迷い、苦しむ存在であることか。あの親鸞聖人《しんらんしょうにん》の「罪悪深重《ざいあくじんじゅう》」「煩悩《ぼんのう》熾盛《しじょう》」という自己反省のように、私たちの胸の中を割ってのぞくと、もう貪り、怒り、妬《ねた》みなどの煩悩で詰まり切っているといっても過言ではありません。また、すでに繰り返し述べてきましたように、「自分」も「もの」も存在しないのに、それが厳として実体としてあると思いまちがい、それらに執着して迷い苦しんでいます。

そんな自分を変えたい、変革したいという思い、これはだれしもが抱く願いです。そのような自分を変革する力となるものとして、唯識思想は①正聞熏習《しょうもんくんじゅう》、②無分別智《むふんべっち》、の二つを考えます。

このうち正聞熏習とは、すでに言及しましたように、正しい教えないし言葉を繰り返し聞いて、それを深層の阿頼耶識に熏じつけることです。たしかに言葉は人間を迷わすもとになります。「言葉によって認識するが如くにはものごとは存在しない」ということは事実です。これも繰り返し述べてきましたが、「自分の手」というとき「自分」というものがあるように思いますが、「自分」というのは言葉の響きがあるだけです。このように私たちは言葉によって迷っています。しかし、だからこそ、逆にまず私たちは言葉、それも正しく語られ、真理から流れ出てきた言葉によってその迷いから逃れる第一歩を踏み出さねばなりません。

正しい言葉は、もちろん正しい人間、正しい師匠から聞くことが望ましい。しかし、それは経典を読むことであってもいい。私は、あの『般若心経《はんにゃしんぎょう》』を唱えるときは、特に「色即是《しきそくぜ》空《くう》・空即是色《くうそくぜしき》」の箇所を力強く唱え、その言葉を深層の奥深くにしみ込ませるようにしています。それは、この一句が「あるようでなく、ないようである」という、すなわち「有即《うそく》無《む》・無即有《むそくう》」という存在のありようを簡潔に表現したものであるという確信のもとに、「あるようでない」ならば、心の中のヴェールを取り除いて真理を悟ろう、「ないようである」のだから、苦しむ人々に手を差し伸べよう、という思いがますます強く自分の中に起こってくるからです。

もちろん、経典の文句よりも直接人間から聞く言葉のほうが力強いものです。私は小学生時代、大分市にある禅宗の専門道場の門前に住んでいました。戦後間もないということもあって、僧侶の数も少なく、私たち近所に住む人々とも気さくにおつき合いしてくださいました。幼いということもあって、私は僧侶の方々にかわいがられ、ほとんどお寺の中を遊び場としていました。そういうある日、禅堂で坐っている僧の姿を見て、住職に「なにをしているの」と尋ねたことがありました。住職はその質問に対して直接答えることなく、「今度わしが部屋の中で坐っているとき、襖《ふすま》を開けてみなさい。すると部屋の真ん中にドカーンと大きな松の木が一本植わっているよ」と答えてくださいました。「エーッ、そんなばかな」と子ども心にびっくりしましたが、しかし、その言葉が私の心にしみ込み、おりに触れてその思いがよみがえってきます。あのとき、住職さんから聞いたその言葉が私の深層心に強く印象をとどめ、それが大人になって芽を吹き、とうとう私が剃髪するに至ったひとつの原因になったのかもしれません。

正しい言葉や教えは、もちろん本来は論理的なものであるのですが、このように非論理的なものであってもよいでしょう。いずれにしても、正しい教えを正しく聞くことを繰り返すことは、深層に潜在するすばらしい種子《しゅうじ》ないし可能力にいわば水や肥料を与えて生育せしめる働きがあります。そして、成育した種子はいつか必ず縁を得て、芽を吹くことになるのです。「正聞熏習」、聞きなれない言葉ですが、生きるうえで重要なことです。

また、これは正聞熏習ではありませんが、なにかすばらしいことを体験したとき、例えば、おいしいものを食べたときは、童心に返って「ああ、おいしかった！」と、あるいは道ばたに咲く美しい花に出会ったら、「ああ、美しい！」と声を出して叫んでみようではありませんか。

このように、具体的に口に出してみることによって、心も楽しく愉快になります。その心のありようと口に出した言葉とが、阿頼耶識に熏じて深層心を変えていきます。美しい清浄な言葉と心が深層を和ませ、美しく清らかにしていくからです。

清らかで安らいだ心

自己変革をもたらすもうひとつの契機は、無分別智で生きていくことです。この無分別智を検討する前に、「自己変革」ということについてしばらく考えてみましょう。

唯識思想の中で自己変革ということに対応するものがあるとすれば、それは、〈転依《てんね》〉すなわち、「所依を転ずる」という考えです。〈所依《しょえ》〉とは、〝自分〟(もちろんその〝自分〟は仮にあるものですが)というものが存在するよりどころを意味しますが、具体的にはそれは「身体」と「心」です。それは、原始仏教以来の言葉でいえば五蘊《ごうん》(色《しき》・受《じゅ》・想《そう》・行《ぎょう》・識《しき》。このうち色が身体、受・想・行・識の四つが心に相当します)ですが、唯識思想になってすべてを心に還元して「唯《た》だ識、すなわち心のみがある」とみるのですから、所依とは「心」であるという立場をとっています。しかも、心の内でも阿頼耶識《あらやしき》が根本であるのですから、自己を変革するとは、根本的には阿頼耶識を変革することになります。

では、阿頼耶識をどのように変革するのでしょうか。それを簡潔に術語で表現すると、「麁重身《そじゅうしん》を転じて軽安身《きょうあんしん》を得る」ということができます。麁重身とは重い身のことです。ほんとうに人間は重い重い存在です。一人ひとりがいわばサイの如くに重い身心を背負って生きています。

目を覚ます、身体も気持ちも重い、でもしかたなくやおら起きあがり、一日を重々しく始め、日中も自他対立の世界で我他彼此《がたひし》と生き、疲れはてて夜を迎え、また重く眠っていく。少し大げさな表現をしましたが、私たちは大なり小なりこのような生き方をしているといっても過言ではありません。このような重い身心を軽く安らかな身心に変えていく、これが「麁重身を転じて軽安身を得る」ということです。このうち、軽安とは「身心の堪能性《かんのうしょう》」といわれ、それは身体的にも精神的にも爽快で自由に活動することができる状態です。しかしそれは理想であり、現実は全く逆の状態です。

そこに困っている人がいるので手を差し伸べたい。そこにタバコの吸い殻が落ちているので拾いたい。しかし、人の目を気にして、あるいは自分はなんでそこまでしなければいけないのかと思い直してみて行動に移せない。ほんとうに私たちは自由に行動できません。

そのような表層の身心のありようは、深層の心のありようを変えることによって変わっていきます。すでに何度も述べてきましたように、深層の阿頼耶識には表層のありようの影響が熏じつけられて、そこにストレスや汚れた種子が積もり、心底から重たい状態になっています。それでは表層の身心が爽快で自由であるわけがありません。

そのような深層の重いありようを、すなわち麁重を滅して心の底から清らかに軽く安らいだ状態に変革せしめる力、それが、〈無分別智《むふんべつち》〉です。あるいは、無分別智によって展開する行為です。先に述べた止観の力といってもいいでしょう。なぜなら止観、すなわち「静寂な心」と「ありのままにみる心」の本質は無分別智であるからです。

では、無分別智に基づく行為とはどのようなものなのでしょうか。それは、静かに坐るヨーガ、あるいは坐禅などを修することであり、あるいは動的には人々の中で自他不二《じたふに》の精神で他者の幸せのために努力すること、あるいは日常のひとこまひとこまの中で成り切り成り切って生きることとです。

例えば、私がある人にものを与えるという場合に、自分はものを施す「施者」であり、受け取る人は「受者」であり、その二人の間に「施す」という行為、あるいは「施物」があると分別します。そしてはっきりと意識しないにしても、与えたことによって私には多少なりともおごりの気持ちが起こってきます。「相手に施したのだ」という自慢の心が私の中に全く生じないといえばうそになります。ここが恐ろしいところです。人にものを与えるという利他行《りたぎょう》によって、逆に自我意識をより強めることにもなりかねないからです。そのような思いで布施を行うのではなく、施者と受者と施物（あるいは施という行為）とを全く分別しない無分別智をもって、布施を実践することが大切です。

布施だけではありません。なにをするにしても「自」と「他」とその両者の間に成立する「行為」の三つを人間は分別し、我他彼此《がたひし》の生き方に終始しています。しかし、そのような三つを分別しない智慧、それを「三輪清浄《さんりんしょうじょう》の無分別智」といいますが、そのような無分別智はたしかに火のような働きをして、深層に貯まっている汚れた種子を焼尽していきます。そこにはまちがいなく因果必然の理が働き、表層心が深層心を変えていくのです。

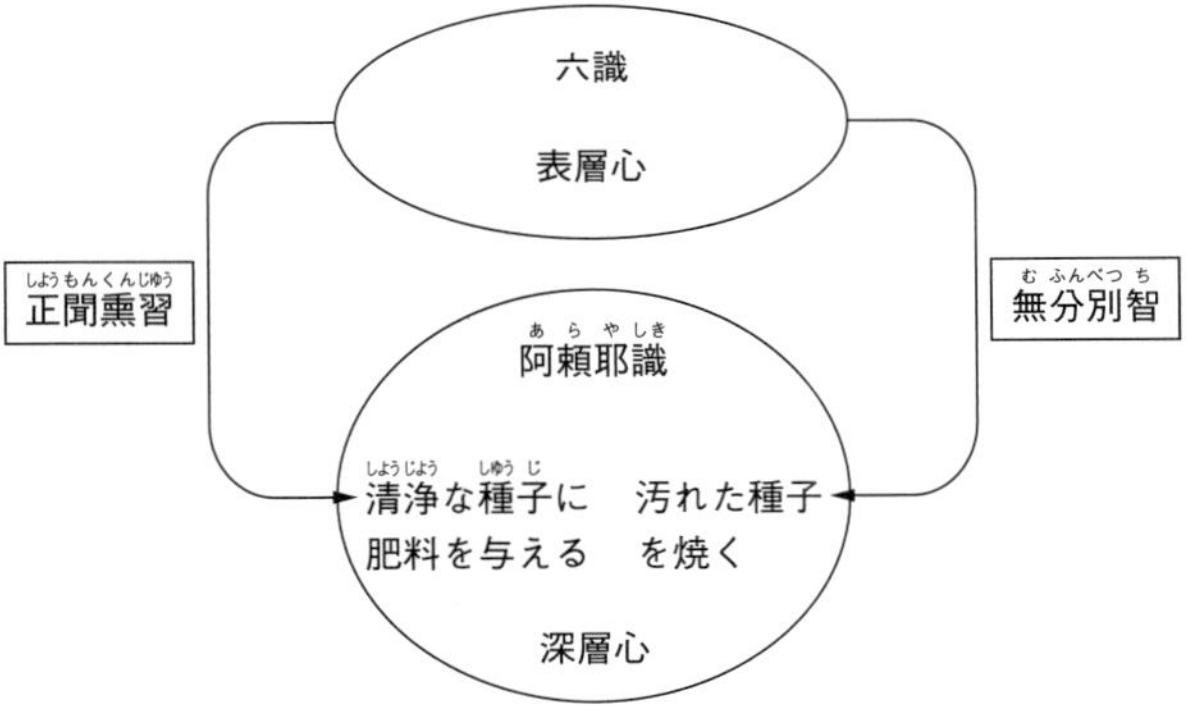

この無分別智による行為は二つの働きをします。一つは、他者に対して真に清らかな行為を展開します。もう一つは、いま述べたように、それがいわば火となって自分に跳ね返り、自分の深層の阿頼耶識の中にある汚れた種子を焼き尽くしていきます。いま「火」といいましたが、ほんとうに無分別智という智慧は火の如きものです。

ところで、ろうそくが燃えるとき、二つのことが起こります。一つは、明かりと熱を出します。もう一つは、燃えることによってろうそく自体が減っていきます。このたとえのように、無分別智という火が燃えることは、自分の中にある煩悩という燃料が燃えていることであり、それによって生じたエネルギーが他者に対する慈悲の行為となって展開していきます。これはほんとうに科学的なとらえ方です。人間の心の働きも、やはり自然の理に則しているのです。

ですから、山の中に一人隠遁《いんとん》して修行し、清らかな心になってもそれだけでは決して真の人間の生き方ではありません。

私も二十二、三歳のころ、出家のぎりぎりのところまでいきました。禅の道に飛び込み、すばらしい心境となって生きていこうと思いました。

当時、大学から帰るとすぐ部屋にこもり、線香を立てておへその下の気海丹田《きかいたんでん》というところにグーッと力を入れて坐り、母親や弟がテレビを見ていると、人間そんなことをしてはいけない、死ぬまで常に努力精進しなければならない、と説教をしたものでした。当時は若かったものですから、山に、禅堂にこもり、とにかく真理を悟り、一切の人々を救おうという思いに燃えていました。もちろんこれもまちがってはいませんが、しかし、いまの私の考えからすれば、やはりそういうことだけをしていても人々を救っていくことはできないと思います。たとえ出家しても、人々の中で無分別智に基づく行為を展開しなければ仏教本来の修行ではありません。これは唯識思想が特に強調する点です。

ほんとうに日常の生活の中で、掃除、洗濯、料理、仕事、なんであれ、その行為に成り切って行動するとき、そこに無分別智が現成《げんじょう》してきます。そして、それがいわば火となって阿頼耶識にある汚れた種子を、換言すれば、エゴを中心とした行為を生じる可能力を一つひとつ焼尽していくことになります。

どうしたらエゴ心をなくすことができるか。本を読んでも、人から教えてもらっても、決してエゴはなくなりません。その中にエゴがいわば融解してしまうような行為を通してしか果たすことができません。

無理でもよい。エゴ心をなくして人々の中で行為を続けてみましょう。すると必ずやエゴに色づけされた種子が焼かれ、それによって表層の行為の中から徐々にエゴの臭いが薄れていきます。ここに実践のすばらしさがあるのです。

とにかく、このように他者と共々に生きるありようが、ひとつは他者へよい影響を与えると同時に、自己の心を浄めることになるという二重の働きをしていることに気づくとき、私たちの生き方は大きく変わってきます。でも、他人の中でなにか積極的な行為をする必要もありません。

例えば、年をとってなにも人にはできないとしても、いつも静かにほほえんで座っている。唯《た》だそれだけで人々に安らぎの気持ちを引き起こします。

同時に、その笑顔は本人に心地よい気持ちを生ぜしめ、心が和んできます。

和顔愛語《わげんあいご》――すばらしい言葉です。

第十章　さわやかな覚醒の朝を迎える

長夜の夢から目覚めよ

鎌倉時代の法相宗《ほっそうしゅう》の僧・良遍《りょうへん》和上の『観心覚夢抄《かんじんかくむしょう》』に、

我等は今、生死の夢中に処せれども、数《しばしば》、唯心如夢の道理を観じて覚悟の朝に至る。

という文句がありますが、私はこれが大好きです。これまでみてきたように、ほんとうに私たちは一人一宇宙《ひとりひとうちゅう》であって、自らの心の世界に閉じ込められ、その中でさまざまな影像を作り出し、それらに縛られて悩み苦しんでいます。すべては心というキャンバスの上に描き出された絵であり、あるいはプロジェクターによって投影された映像のようなものであり、すべては夢のような存在です。いや、夢のような存在ではなく、夢そのものであります。

しかし、凡夫《ぼんぶ》である私たちはそれを夢と気づかず、「自分」が、「もの」が厳としてあると考え、それらに執着して苦しみ迷っています。暗い夜道を、長夜《じょうや》の夢の中をさまよっています。そこで良遍和上は、その夢の世界から一刻も早く目覚めよと教誡しているのです。

この夢から覚めた人、それが仏陀《ぶつだ》であります。仏陀の原語ブッダ（buddha）は覚めるという意味の budh の過去分詞で「目覚めた人」、すなわち覚者をいいます。紀元前四、五世紀ごろに目覚められた人、それが釈尊であります。現代に生きる私たち凡夫も、努力精進すれば仏陀、すなわち目覚めた人になることができます。

この目覚めた人、すなわち仏陀とはどういう人か、これを以下、検討してみましょう。

唯識思想が目ざす目的をひと言でいえば、〈転識得智《てんじきとくち》〉であります。すなわち「識を転じて智を得る」ことです。したがって、仏陀とは「識を転じて智を得た人」ということになります。

心（識）は二つに分かれて知る

では、「識」と「智」とはどのように違うのでしょうか。まず識ですが、識の原語ヴィジュニャーナ（vijñāna）は二つに分けて知るという意味です。ほんとうに、私たちの認識のありようは二つに分けて知らざるをえません。

例えば、ここにある鉛筆を見る。そのとき、「鉛筆」と「自分」との二つが分かれて相対立しています。いま鉛筆と自分というように名詞で呼びましたが、しかし、そのように名づける以前に、私の心はすでに二つに分かれて存在しています。

眼を開ける。すると眼前になにかを見る。まだそれがなんであるかと知覚する以前に、すでに「なに」かが眼の前に現れています。このように心が生じたときは、すでに「知るもの」と「知られるもの」とに二分化されているのです。心は二つに分かれてある。これは「自分」の意志とは無関係にそうなってしまいます。眼を開けたとたんに、自分の周りに世界が顕現してきます。この世界と自分との二元化は自分を超えた力、自分が関与しない力によって起こります。この力を仏教では「縁起《えんぎ》の理《り》」、唯識的術語では「依他起《えたき》の力」といいます。そして、この自分ではいかんともし難く成立した世界の中で、さらに今度は「自分」が積極的に関与して、言葉を用いてさらに存在を二つに分けます。例えば、眼前にあるものを「鉛筆」と呼び、「鉛筆」と「鉛筆でないもの」との二つに分けてとらえるのです。あるいは「憎い人」と「憎くない人」とに分けて、眼の前にいる人を憎いと思い「憎い人」と呼ぶのです。

このように考察してきますと、心の中では①「自分」が関与しない力、②「自分」が関与する力の二つの力の働きによってさまざまな存在が作り出されていることが判明しました。

このように、二分化は二つの力によって二段階に生じるのですが、最初を因縁変《いんねんへん》といい、後者を分別変《ふんべつへん》といいます。この二つの二分化によって私たちがとらえるものは、もとの「それそのもの」の原型と大きく（大げさにいえば雲泥に）違ったものになってしまうのです。

この二分化による、いわば認識のひずみをもとに戻すのが、〈念《ねん》→定《じょう》→慧《え》〉と展開するヨーガの心です。このうち、最後の慧が識を転じて得られる智です。この智について考える前に、もう少し識について考察してみましょう。

私たちのふつうの認識、例えば、鉛筆を見るという知覚は、見られる鉛筆と見る視覚とから成り立っていますが、前者が「認識されるもの」、後者が「認識するもの」です。これをヨーロッパ的な語でいえば、客観と主観ということができますし、唯識的には、**〈所取《しょしゅ》と能《のう》取《しゅ》〉**といいます。すなわち、唯識思想では認識することを「取る」といい、取られるものを「所取」、取るものを「能取」と表現します。

識
- 認識されるもの（所取・客観）
- 認識するもの（能取・主観）

このように、私たちの認識は「所」と「能」とに分かれているから、ここで大きな問題が起こります。例えば、現前の他人を指で指《さ》すことができますが、指自身を指すことはできません。あるいは、包丁はダイコンやニンジンという他の物を切ることができますが、包丁自身を切ることができません。このように、認識するものは認識しつつある自分自身を認識することはできないという問題が起こるのです。ですから、私たちは究極の自分を知ることはできません。「自分」とはなにかという重要な問題を考えてみましょう。

例えば、昨日は自分はこのようなことをしたと思い出し、そのときの「自分」を知ることができます。しかし、そのように考え知りつつある〝自分〟を、先ほどの指や包丁のたとえからもわかるように、決して知ることはできないのです。

ですから、私たちは「知られた自分」を知ることができますが、いわばいちばん奥にある「知りつつある自分」を決して知ることはできません。少し難しい表現をすると、第七章で言ったように、絶対主観は決して客観にはなりえないのです。「識」に生きる私たちの中には、常に「残されたもの」「知られていない領域」、すなわち「知られない自分」があるのです。無知《むち》、無明《むみょう》なのです。ですから迷い苦しむのです。

したがって、この識としての心のありようを智に変化せしめることが要請されるのです。すなわち転識得智がうたわれるのです。

縦横に智《し》る般若の智慧

では「智」とはどのようなものでしょうか。

智は智慧ともいい、その代表が般若《はんにゃ》という智慧です。般若はパーリ語のパンニャー（paññā）の音訳で、サンスクリット語では、プラジュニャー（prajñā）といい、優れた智慧という意味です。最高の智慧は、もちろん仏の智慧でありますが、その仏智《ぶっち》の検討に入る前に菩薩《ぼさつ》の般若について考えてみましょう。菩薩の般若について『瑜伽師地論《ゆがしじろん》』四十三巻には次のように定義されています。

　能《よ》く一切の所知《しょち》に悟入し、及び已《すで》に一切の所知に悟入して諸法を簡択《けんちゃく》し、普《あま》ねく一切の五《ご》明処《みょうしょ》を縁じて転ず。

まず智慧、すなわち般若とは、一切の所知に悟入した智慧であると定義されます。所知とは「知られるもの」という意味から、厳密には「知られるべきもの」「知らなければならないもの」という強まった意味に転化していきます。

いろいろな知られるべきものを仏教は説きますが、究極の知られるべきものとは真如《しんにょ》であり「空《くう》」であります。そして、この空とみる智慧が次に一切の苦しむ人々の救済に向けられ、一切の苦厄《くやく》を度するという慈悲行《じひぎょう》となって展開します。

この般若の他者救済の活動が、右の『瑜伽師地論』の文では「及び已に一切の所知に悟入して諸法を簡択し、普ねく五明処を縁じて転ず」と説かれています。一切の知るべきものを知り終えて、次に広く五明処を学ばなければならないのです。

五明処とは、内明《ないみょう》（仏道）・因明《いんみょう》（論理学）・医方明《いほうみょう》（医学）・声明《しょうみょう》（文法学）・工業明《くぎょうみょう》（文芸・技術・工業）のことを指します。まさに学問的理論だけではなく、医学や科学技術をも視野に入れた幅広い領域にわたる活動が、菩薩の般若には要求されるのです。ですから、一切の苦厄を度することができるのです。とにかく人々を救済するためには、この五つの学問にも精通していなければならないという広大な理想がここに説かれているところに注目しましょう。

ここで、「知られるべきもの」「知るべきもの」とはなにかをもう少し考えてみましょう。知るべきものはいったいなんでしょう。右の文中に「一切の所知」とありますから、一切、すべてなのです。ですから、自然科学の対象も当然入ってきます。例えば、百数十億年前に大爆発と共に宇宙が誕生したというあのビッグバン説も知るべき対象のひとつに含まれますし、いまはやりの遺伝子やＤＮＡの解読も含んでよいでしょう。仏教は決して科学的知識を排除しません。むしろそれから多くのことを学ぼうとする姿勢が仏教にはあります。

しかし、科学的知識はあくまで現象の領域に関するものだけでありますが、唯識思想はその現象の本質をさらに究明することを目ざします。いま現象の本質といいました。少し難しい言葉を用いますが、この二つを唯識の術語に当てはめると次のようになります。

現象――有為《うい》――心《しん》――相《そう》――尽所有性《じんしょうしょう》
本質《ほんぜつ》――無為《むい》――真如《しんにょ》――性《しょう》――如所有性《にょしょうしょう》

最後の二つの術語に注目してください。このうち尽所有性とは、「存在するかぎりのもの」

という意味で、現象的存在すべてを指します。唯識思想の観察の眼はまさに科学的見方にも通じ、ありとあらゆる存在に向けられるのです。そのあらゆる存在は阿頼耶識《あらやしき》から作られたもの（有為）であり、すべては心の中に生じた影像（相）にすぎないとみるのです。あらゆる存在を心の中に還元して観察し思惟する、これがヨーガという観察方法です。

唯識思想はこれに加えてもうひとつ、如所有性、すなわち「あるがままにあるもの」を追求します。あるがままにあるもの、それは真如といわれ、作られないもの（無為）であり、心の本性（性）であります。

このように、唯識思想の観察はたとえていえば、横だけではなく縦にも向けられるといえます。つまり、観察の眼を横にぐるっと向けて「現象的存在すべてはなにか」と追求する、すなわち尽所有性を追求すると同時に、次にそれを追求しつつある自己の心の中をいわば縦に深く沈潜し、その心底にある「あるがままのものはなにか」と追求する、すなわち如所有性を追求するのです。唯識思想の観察は、このように縦横にわたるといえるでしょう。以上、菩薩の般若、すなわち智慧はなにを対象とすべきかを論じてきましたが、それはすべて、いかに人々を救うかという目的のために智《し》るのであるということに留意すべきです。

現代、科学技術のありようが問題となっています。科学的知識、例えば、遺伝子操作の知識がクローン人間製造に応用される危険が生じてきました。過去においては、ウランの核分裂によって膨大なエネルギーが放出されるという発見により、その知識が原子爆弾の製造を生みました。そのような科学技術の暴走を阻止するために、私は仏教の説く「善巧方便《ぜんぎょうほうべん》」という考えを紹介したいと思います。

「善巧」とは智慧のことで、いま述べた「あるがままにあるもの」を智る智慧のことです。その智慧に基づいて他者救済を展開することが「方便」であり、方便とは慈悲ともいい換えることができます。この善巧・方便という考えと科学・技術というものとをいわばオーバーラップすることによって、科学技術が犯すまちがいを是正する生き方が可能となるのではないでしょうか。知識に智慧を足し、技術に慈悲を加えて、人類の将来に光明をもたらす新しい思想を構築していくことを提案したいのです。

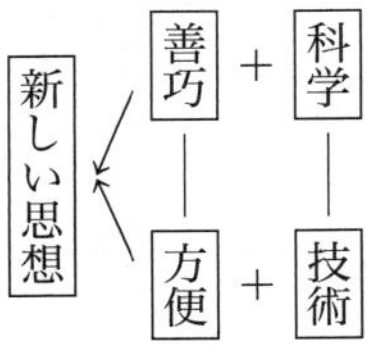

仏の四つの智

ここで仏陀の智、すなわち仏智《ぶっち》について考えてみましょう。

仏陀になるとは、唯識思想では八つの識を転じて次のように四つの智を得ることであると説かれます。

五識《ごしき》——成所作智《じょうしょさち》
意識《いしき》——妙観察智《みょうかんざっち》
末那識《まなしき》——平等性智《びょうどうしょうち》
阿頼耶識《あらやしき》——大円鏡智《だいえんきょうち》

五識（眼識《げんしき》・耳識《にしき》・鼻識《びしき》・舌識《ぜっしき》・身識《しんしき》）とは、視覚から触覚までの五感覚のことですが、覚者になれば、五感覚が転じて成所作智になります。成所作智とは「なすべきことを成就する智」です。では所作、すなわちなすべきこととはなにか。それは苦しむ人々を救うこと、すなわち利他行《りたぎょう》です。

仏は、五感覚を他者救済のために働かせることができるようになった人です。これに対して私たち凡夫は、なんと自分のためにのみ感覚を使っていることか。美しいものに眼が奪われる。美しい音に耳が和らぐ。好い香り、おいしいもの、心地よい肌触りに心が引かれます。五妙欲《ごみょうよく》という言葉があります。これは視覚（眼識）から触覚（身識）までの五つの感覚対象、すなわち色《しき》・声《しょう》・香《こう》・味《み》・触《そく》を意味する言葉ですが、私たちはこのような感覚の対象を妙なるすばらしいものと見まちがい、それらに欲望を抱くようになるから五妙欲と名づけるのです。ほんとうに人間の性《さが》としてうなずける言葉です。

大学の授業で、学生に「なにをしているときが幸せか」と質問すると、いろいろな答えが返ってきます。その中で、自分が好きな音楽を聴いているとき、あるいは美しい花、澄んだきれいな空を眺めているときなどに幸せを感じるという答えも多くあります。もちろん音楽を聴く、自然を眺めることによって幸せであっても〝善い〟でしょう。しかし、そのようなときは、見る、聞くなどのいわば感覚のエネルギーを〝自分〟のためにのみ費やしているのです。ですから、これが真の意味で〝善い〟といえるでしょうか。

これに対して、仏は五感覚を他者のために使うのです。私たち凡夫となんと相違する生き方ではないでしょうか。

私たちは、生きているかぎりなかなかエゴをなくすことはできません。でも、成所作智という智慧に生きる覚者の生き方を生きる目標としてみてはいかがでしょうか。ここでもあの宮澤賢治の「雨ニモマケズ」の次の一節が思い出されます。

アラユルコトヲ　ジブンヲカンジヨウニ入レズニ
ヨクミキキシワカリ　ソシテワスレズ

あらゆることに対して、自分を勘定に入れずに見聞覚知《けんもんかくち》する。もしこれができれば、なんとすばらしい生き方ではないでしょうか。

意識で存在の奥深くを観る

次の妙観察智《みょうかんざっち》とは、意識が変化して妙《たえ》に観察する智慧となったものです。しかし、私たちの意識は、五つの感覚でとらえた感覚のデータを素材にして、それに思いと言葉とを付与して、エゴ心によって色づけしてそれをとらえます。例えば、自分の顔を眺める。それに対して美しいとか醜いとかと思い、おごったりあるいは悩んだりします。

しかし、妙に観察するとは、事実を事実として智《し》ることです。事実を事実として智るとは、まずは成り切って智ることとです。例えば、鏡の中の顔を見る。それを自分の顔とか、醜いとか、きれいだとか思わずに唯《た》だ見る。見ることに成り切る。すると顔そのものの本質が、すなわちそれは自分のものでもなく、常にあり続けるものでもないという本質が分明になってきます。このところを術語で、「妙観察智は善く諸法の自相と共相《ぐうそう》とを観じて無礙《むげ》に転ず」と説かれています。「自相」とは心の中にある、それそのものの相・あり方であり、「共相」とは他と共通する相・あり方です。私たちは視覚でとらえるもの、例えば、前に挙げた顔に対して「それは顔である」と言葉でもって判断すると、それはほかの顔にも共通する「顔」という普遍性を持ってくるのです。

観察するということで大切なのは、言葉でとらえる以前に心の中に生じた影像に意識を集中して成り切って観察することです。例えば、心の中に「ある」影像が生じる。それに対して「人だ、○○さんだ、憎い」と判断する。しかし、そのように判断する前に、その「ある」影像に成り切って観察してみること、すなわち自相を観察することが重要です。

このように、成り切って観察することを通してその対象の本質が見えてきます。それを言葉で表したものが共相ですが、仏教は自己存在に共通する普遍的な共相とは、〈無常《むじょう》・苦《く》・無我《むが》・不浄《ふじょう》〉であると主張します。しかし、私たちはその逆に、私たちの身心は、〈常《じょう》・楽《らく》・我《が》・浄《じょう》〉であると見まちがっていると説くのです。たしかにこれは、ものごとを深く考えない、しかもエゴ心で考えた見方、あるいは願い、希望です。私たちは自分というものが、すなわち「我」がある、そしてきのうの自分ときょうの自分とは同一であって常に存在し続けている、すなわち「常」であると考えていますが、すでに繰り返し見てきたように、そういう〝自分〟はどこを探しても存在しない、すなわち「無我」です。また、身心共に変化してやまない「無常」なものです。なぜなら、身体を構成する細胞は日々新陳代謝を繰り返し、心も泉から噴き出す水のように、生じては滅していくものであるからです。

また、この身は「楽」であってほしいとだれしもが願います。しかし、現実は苦しいことが多い。しかも、ときに楽であってもその楽なる状態はいつまでも続かず、それは「苦」に変化していきます。また、自分の身体を見て美しく「浄」らかであると思いますが、よくよく考えてみると、身体は内臓、骨などから構成され、食べたものが臭気を持って胃や腸の中につまっています。ほんとうに身体は内から見ると「不浄」なものです。

このように、私たち凡夫も仏の智慧ほどに妙に鋭く観察することができないにしても、自分の本質をこのように見抜く力を持っています。この見抜く力を智慧と呼ぶことができます。これに関して、ひとつの例を挙げてみましょう。

鎌倉時代に作られた「小野小町《おののこまち》・九相図《くそうず》」というものがあります。それは、あの絶世の美人の小町が死んでから段々と腐乱していく様相を九つの図に描いたもので、それを前にして自分の身体にその様相を当てはめ、自分の身体もこうなっていく不浄なものであると観じ、自己への執着を断つ修行方法です。これを「不浄観《ふじようかん》」といい、ヨーガのひとつの方法とされています。

ところで、この話を授業で紹介すると、授業が終わってからよく学生が、「自分は汚い不浄な存在だとわかって怖くなった」と訴えてきます。そのとき私は、「そのように自分は不浄であると知ったもう一人の〝自分〟が心にあるのではないか」と指摘すると、その学生ははっと気づき、そしてほっとします。

例えば、私たちは「不浄な自分」に気づいてそれに対してのみ意識が向かいますが、その意識のいわばスポットライトを「不浄な自分」に気づいた〝自分〟に向けてみると、そこに不浄ではない〝自分〟がいることに気づきます。そこが人間のすばらしいところです。気づくことは自覚することであり、自覚することは新しい〝自分〟がそこに現れたことであり、新しい智慧が生じたということです。

「妙に観察する智慧」、美しい言葉です。この言葉を手がかりに、日ごろなにげなく使い、ものごとの表面しかとらえていない「意識」を鋭く妙に働かせようと心がけてみましょう。すると、少しずつ存在の奥が見えてくるようになります。

すべての存在を平等に観る

次の平等性智《びょうどうしょうち》とは、末那識《まなしき》を変化させて得られる智慧です。人間はなんと自己中心的に生きる生物であることか。もちろん動物にもエゴ心があり、それに基づく行為の典型があの縄張り争いです。しかし、生物の中で自と他との対立がもっとも強いのが人間です。ですから、人間は決して動物にはない「戦争」という愚行を犯してしまうのです。身近な人間同士の憎しみ合いから戦争に至るまでの自他対立はなぜ起こるのか。

唯識思想はその根源的原因を、深層に働く粘っこい自我執着心、すなわち末那識に求めました。この末那識についてはすでに第五章で論じましたのでここでは割愛しますが、この識を変化せしめて得られる平等性智は、自我執着心を根っこからなくして、自分と他のすべての存在とが平等であるとみる、そしてさらに周囲に展開するすべての存在を差別することなく平等にみる智慧であります。自他を平等視するから他者の苦しみを自己の苦しみとして背負い、その救済に情熱的に取り組むことができるようになります。また、すべての存在を平等視するから救済の手が広範囲にわたります。

いま「すべての存在」といいましたが、まず人間に限ってみましょう。私たちは他人をすべて同一視することなく差別して見ます。「好きな人、親しい人」と「憎い人、嫌いな人」と「どちらでもない人」との三つのグループに区別して、それぞれに応じて態度を変えて行動します。最初のグループには積極的に親愛の情をかけますが、第二のグループの人々には手を差し伸べることを拒否し、ときにはいじわるさえすることがあります。すべてこれらは、自分のエゴ心を基準として判断し、行動しているのです。これは、繰り返し述べてきましたように、このように他人を差別する私たちの心の奥深いところに自我執着心である末那識が働いているからです。仏はその末那識を平等性智に変化せしめた人です。ですから、人々を差別することなく平等にみて、だれにも穏和な顔を向け、優しい言葉をかけ、救済の手を差し伸べるのです。私たち凡人にはなかなかできませんが、しかし、一歩でもこのような心境に近づこうという誓願《せいがん》を起こすことが大切です。

存在としては、人間のほかに木や花などの植物や鳥や牛などの動物、さらには無機物としての事物ないし自然がありますが、私たちは当然これらと自分とは違う存在であると考えて、植物を伐り、動物を殺し、自然を破壊しています。しかし、平等性智を得た人は、それらと自分とを平等視するのです。静かに考えてみましょう。木々も、鳥や牛も、そして私たち人間も同じように細胞からできているのです。もとにさかのぼれば、三十数億年前に地球上に生じた命の根源から、いま存在する一千万種以上の生物が派生したのです。いまここに咲く花も、そこに生きるアリもチョウも、いのちあるものはすべて根源的生のエネルギーのほとばしりであるとみるとき、人間という自分を中心とした生き方を少しでも改めようという気持ちが起こってきます。

さらに、存在として山や川などの自然界があります。それらは原子・分子からなる無機物であって、有機物、しかも生物の頂点に立つ人間とは異なる存在であると決めつけて、自然を人間の都合のいいように支配し、破壊してきました。しかし、第八章で検討してきましたように、ほんとうに自然は私たちと別の空間に、別の実体として厳として存在するのでしょうか。そうではないということを第八章で結論づけました。唯識思想、そして量子力学の自然観を手がかりに、いわゆる「もの」と「自分」との、「自然」と「自分」との関係を静かに観察し考えてみましょう。すると、〝自分〟がものや自然に少しは近づくことができるようになります。あるいは、その中に融解して〝自分〟が大きく膨れ上がっていくことになります。この仏の平等性智を獲得するとまではいかなくても、「平等性」というこの語に意を凝らし、少しでも自分の心の奥で働く自他差別の末那識の働きを弱めていこうという気持ちを起こすことが肝心です。

とにかく、深層に働く執拗な自我執着心である末那識があるかぎり、私たちは自と他とを区別して、そこに自他対立の苦の世界が現出します。しかし、その末那識がすべての存在は平等であるという智慧に変化すると、その智慧は大きな慈悲の心（大慈《だいじ》大悲《だいひ》）となり、他者救済に展開していきます。そこにはじめて自《じ》他《た》一如《いちにょ》の平和な世界が現れてきます。ほんとうに自他が対立する世界は地獄です。自他一如の世界は極楽です。この世の地獄に住んでいる人のなんと多く、この世の極楽に住んでいる人のなんと少ないことか。

宇宙全体が大きな清らかな鏡となる

最後の大円鏡智《だいえんきょうち》とは、阿頼耶識が変化したもので、「大きく円い磨かれた鏡」のような智慧のことです。「大きな円い鏡」とはなんと雄大なたとえではないでしょうか。しかしこれは、たとえではなく事実です。ほんとうに一人一宇宙《ひとりひとうちゅう》ですから（第一章参照）、自分がその中に住する具体的な世界はなんと広大なことか。この具体的な世界はすべて根本心である阿頼耶識から顕現したものです。私が上に見る広大な星空も、この宇宙の果ても（頭の中でしか考えられませんが）、また私が下に見る原子・分子もすべて心の現れであり、心の中の影像です。このような、広大無辺な心という宇宙の中からすべての汚れが払拭されてなくなってしまった状態、それを大円鏡智というのです。

心の中にある「汚れ」についてはすでに何度か考察してきましたが、いまそれをまとめると次のようになります。

我執《がしゆう》から生じる煩悩障《ぼんのうしよう》
法執《ほつしゆう》から生じる所知障《しよちしよう》
相縛《そうばく》
麁重縛《そじゆうばく》

私たちの心は、このような「我執」「法執」「煩悩障」「所知障」「相縛」「麁重縛」という汚れによって濁りに濁り切っていますから、心という鏡には存在がありのままに映し出されてきません。

しかし仏は、心の深層から、すなわち阿頼耶識の領域からそのような汚れがすべて払拭されて、全く清らかに磨き切った鏡のような状態になった人のことです。ですから、彼の心中にはありのままの存在が映し出されてくるのです。この「ありのままの存在」を「真如」といい、それを月にたとえて真如の月といいます。一点の雲もなくなった仏の心、すなわち大円鏡智の中に、真如の月がその全貌を現すのです。

私たち凡夫が、そのような智慧を獲得することは高嶺の花かもしれません。でも大円鏡智という広大な鏡を、宇宙を、そしてその中に皓々《こうこう》と輝く満月を心の中に想像してみようではありませんか。それだけで濁った心が洗われていきます。

第十一章　他者のために生きる

菩薩の誓願

あの宮澤賢治の「雨ニモマケズ」が、なぜあれほど人々に愛されているのでしょうか。それはこの詩の中に人間の生きていく理想がうたわれているからです。

特に、次のように東西南北に奔走する、あの生き方にこそまさに己を忘れて他者のために生き抜こうとする菩薩《ぼさつ》の誓願《せいがん》が簡潔に力強く言明されています。

雨ニモマケズ　風ニモマケズ　雪ニモ夏ノ暑サニモマケヌ
丈夫ナカラダヲモチ　欲ハナク　決シテ瞋ラズ
イツモシヅカニワラツテヰル
（中略）
アラユルコトヲ　ジブンヲカンジヨウニ入レズニ
ヨクミキキシワカリ　ソシテワスレズ
（中略）

東ニ病気ノコドモアレバ　行ツテ看病シテヤリ
西ニツカレタ母アレバ　行ツテソノ稲ノ束ヲ負ヒ
南ニ死ニサウナ人アレバ　行ツテコハガラナクテモイイトイヒ
北ニケンクワヤソシヨウガアレバ　ツマラナイカラヤメロトイヒ
（後略）

菩薩といえば、弥勒《みろく》菩薩・勢至《せいし》菩薩・観音《かんのん》菩薩などを思い浮かべるでしょうが、これらの菩薩は私たちの理想のあり方を象徴したものであって、決して自分を離れて存在するものではありません。例えば、弥勒菩薩は慈氏《じし》菩薩ともいわれるように、慈悲を象徴した菩薩であり、阿弥陀仏《あみだぶつ》の脇尊《きようそん》として信仰されている勢至菩薩と観音菩薩とは、前者が智慧、後者が慈悲を象徴したもので、この二つの尊像で阿弥陀仏の智慧と慈悲との二大尊厳性を表しているのです。

菩薩とは、詳しくは菩提薩埵《ぼだいさつた》（bodhi-sattva　ボーディ・サットヴァ）といい、菩提、すなわち悟りを求めようという誓願を起こした人のことです。もっと正確にいうと、〈**上求菩提**《じようぐぼだい》（上には菩提を求める。悟りを得るという誓願）〉、〈**下化衆生**《げけしゆじよう》（下には衆生を化す。苦しむ人々を救うという誓願）〉、の二つの誓願を起こした人のことを菩薩というのです。

このうち上求菩提は、人間のいちばん基本的な問いかけである「いったいなにか」と尋ね追求する人間の営みであります。

私たちには「いつ」「どこで」「なにを」「いかに」するかと、いろいろな疑問が起こってきますが、その中でまず問うべきは、「いったいなにか」ということです。そして、究極の存在を悟りたいというのが上求菩提の願いです。これは人間の智慧における願いですが、もう一つ人間には「いかに生きるか」という問いがあります。この問いに対して、「苦しむ人々を救いたい」という願いが下化衆生の願いです。したがって、この二つの願いを起こせば、その人はもはや菩薩であるということができます。

「いったいなにか」、これはもっとも重要な問いであるのに、私たちは大人になるといろいろな知識が身につき、分別がついてものごとがわかったような気になってしまいます。しかし、それはあくまでそのような気になっただけで、私たちは相変わらずなにがほんとうに存在するのか、世界と自分の真相はなにか、という根本的問いかけに対してなにひとつ解決していないのです。私たちはどこから生まれ、死んだらどこに去っていくのでしょうか。「自分」とはそもそもなにものなのでしょうか。自分はこの一瞬にしか存在しません。なぜなら、過去はもう過ぎ去ったのであり、未来はまだ来ていないのですから。でも、この現在という一瞬に存在する自分をとらえることができるでしょうか。たとえとらええたとしても、とらえられるものは真の自分ではありません。

なぜなら、第十章でもいいましたが、指は他を指《さ》すことはできますが、指そのものを指すことができないように、また包丁は他を切ることはできますが、包丁自身を切ることができないように、とらえつつある〝自分〟を決してとらえることはできないからです。つまり「究極の自分」についてはなにひとつ知っていないと認めざるをえません。

また、自分についてだけではなく、眼の前にいる「他人」というものについても同様に、なにひとつ知っていないということが事実です。あの人は○○さんであり、性格はこのような人で、私は嫌いだ、などと「その人」を知っているように思っていますが、はたしてそうでしょうか。すでに繰り返し述べてきたように、私たち一人ひとりは、一人一宇宙《ひとりひとうちゅう》であって、私の外に抜け出すことはできないのですから、私にとっての他人とは私の心の中の影像にしかすぎず、他人そのものを決して知ってはいないのです。憎い、嫌いというのは自分のほうから一方的に付与した思いにすぎないのです。

さらに、私が「宇宙」「世界」「自然」といったものも、すべて私の心の中にある影像にしかすぎません。もし私を離れてあるとしても、私は自分という具体的な宇宙の外に、心の外側に抜け出ることができないのですから、他人と同様「それそのもの」についてなにひとつ知っていないと告白せざるをえません。

このような自分の無知に気づき、「よし、ではいったいなにかを知るぞ」と決心して努力精進を開始した人が菩薩であり、その誓願が「上求菩提」であります。

菩提（bodhi　ボーディ）とは覚悟と意訳されるように「悟り」のことです。しかし、これは浅い悟りではありません。知るべき究極の根底を知る智慧のことです。

海にたとえると、大波小波が漂う表面の水ではなく、それらの波のいちばん深いところにある海底の水をつかむ智慧です。大波小波は生じては滅する、変化してやまないものです。しかし、深海の水は常に乱れることなく存在します。そのような海の底に潜っていくように、個々の現象のいちばん深いところに沈潜して得た智慧、それが菩提です。生まれることも死ぬこともない世界に浸ることです。

宮澤賢治の詩のように「南ニ死ニサウナ人アレバ　行ツテコハガラナクテモイイ」と言えるためには、一度このような不生不死の世界に触れていなければなりませんが、それはたいへんで困難なことです。しかし、菩薩はその困難に立ち向かう決心をしたのです。

上求菩提がいわば紙の表の誓願であれば、紙の裏の誓願が「下化衆生」です。これは生とし生けるもの（衆生《しゆじよう》）を苦から楽へ、迷いから悟りに変化せしめて渡してあげようという願いです。「自未得度先度他《じみとくどせんどた》」とは、自らは渡らずしてまず他を渡らしめるという意味の言葉ですが、このような願いがまさに菩薩の下化衆生の誓願です。これもまた難しくて容易なことではありません。しかし、菩薩はこのような難行にも立ち向かうことを決心した人です。菩薩、それはまさに理想の人間像です。私たちも賢治に負けずに、「サウイフモノニワタシハナリタイ」という願いを起こそうではありませんか。そこに新しい世界が開け、情熱的な生き方が展開してきます。

欲望を誓願に

また、菩薩は次のような願いを持った人でもあります。「よし、自分は生まれ変わり死に変わりして生きとし生けるものを救済するぞ」と決心した人で、彼は、〈無住処涅槃《むじゅうしょねはん》〉に住した人といわれます。ふつう涅槃といえば、生死《しょうじ》の苦しみから解脱《げだつ》して至り得た安楽世界のことですが、この無住処涅槃は、「生死にも涅槃（A）にも住しない涅槃（B）」という意味です。この中でいわれるAの涅槃とBの涅槃とは違います。すなわち、Aは生死に対する相対的な涅槃です。しかし、Bの涅槃は「生死と涅槃とを止揚した涅槃」ということができます。生死にも涅槃にもこだわらない生き方です。でも、この菩薩にはひとつのこだわり、とらわれがあります。それは「生まれ変わり死に変わりして苦しむ人々を救うぞ」という誓願へのとらわれです。

仏教において欲といえば否定的な意味を持ちますが、ひとつだけいい意味に用いられます。それが「善法欲《ぜんぽうよく》」という欲です。法欲とは真理（法）を悟りたいという欲です。真理を悟るとは、「いったいなにか」を悟る菩提を得ることです。そのような、真理を悟りたい、菩提を獲得したいと欲することが善法欲です。また、法の中には真理に至るまでの過程も含まれます。具体的には、出家をしたいと欲することが善法欲のひとつに挙げられています。

よく、大乗仏教は在家中心の仏教であるといわれますが、決してそうではありません。例えば、『瑜伽師地論《ゆがしじろん》』の中には、在家者より出家者のほうがはるかに優れていることが強調されています。ほんとうに出家するには強固な決意と情熱とが必要です。

私が坐禅を始めた当初、あるお寺での接心会《せっしんえ》に参加した際、指導僧の方が「自分はたとえ

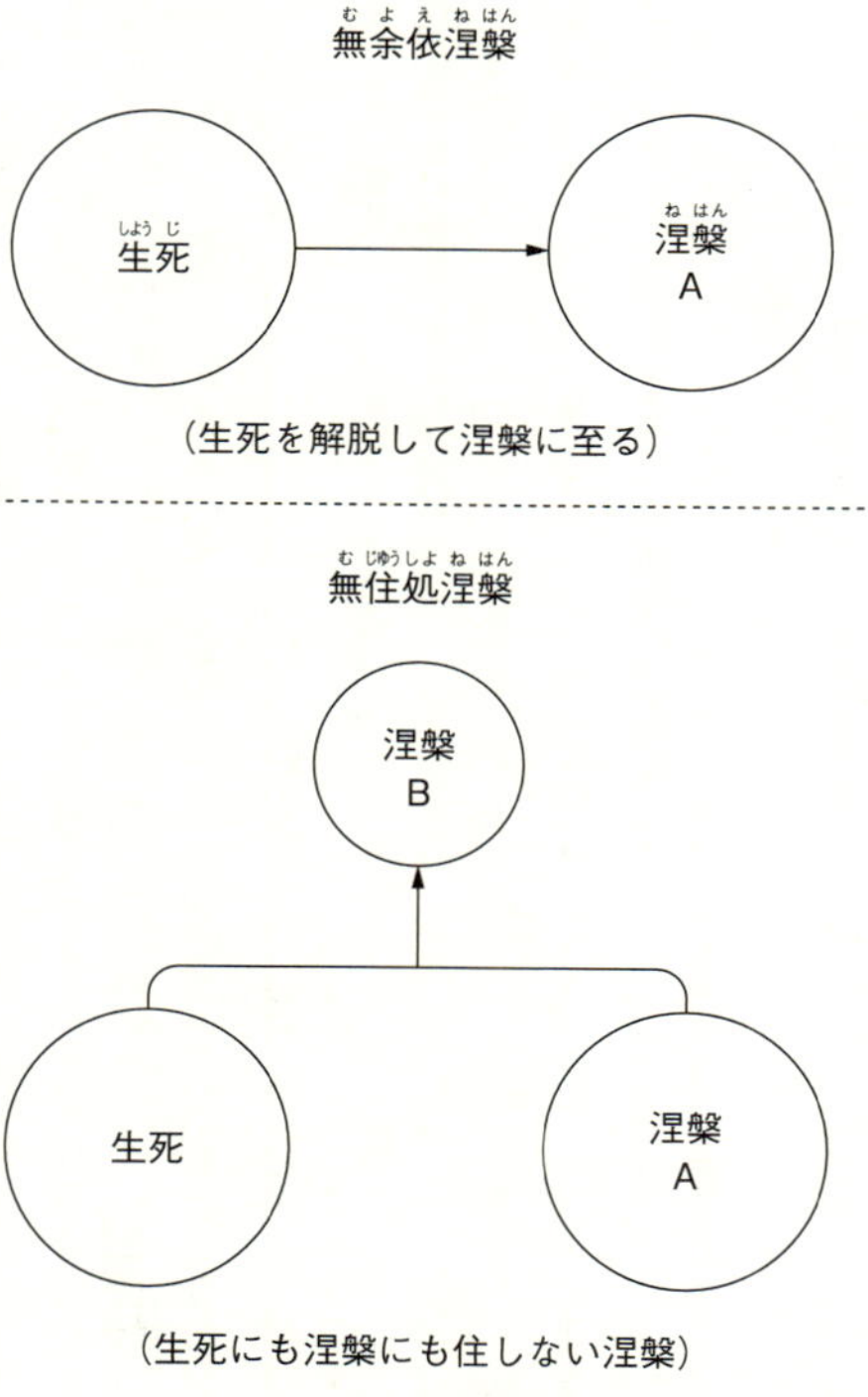

無余依涅槃とは身も心も消滅してしまう涅槃のこと。無住処涅槃とは生死にも涅槃にも住することなく、苦しむ人々の救済のために生き続ける菩薩の生き方をいう。

今生《こんじょう》で悟れなくても、来世《らいせ》、来々世《らいらいせ》にも生まれて、必ずいつかは悟りを得るぞ。また、自分はもう故郷に帰ることができない。なぜなら妻子を捨てて出家したから、故郷に帰ると親戚や近所の人から石を投げつけられるからだ」と語ってくださいました。真に出家するとは、これほどに激しいものかと感動を覚え、この言葉がいまでも忘れられません。

ところで、欲望を「生《せい》のエネルギー」と考えてみると、そのエネルギーをどのようなものとして発散するかによって、エゴ的な欲から、隣人愛、願い、そして誓願などとさまざまにその内容が変わってきます。

密教経典には、一見すると性的欲望が肯定されています。しかし、それを文字どおりに理解すると問題です。密教は「小欲を変じて大欲にする」ことを目ざします。すなわち、自分のためのみであった小欲、例えば、性的なエネルギーを質的に変化せしめて大欲に、例えば、人々を救済しようとする願いに転ずることを密教は最終的に説いているのです。

とはいえ、迷う私たち凡夫《ぼんぶ》は、性《さが》としてどうしても生のエネルギーを自分のためにのみ使用しがちです。ですから発心《ほっしん》しましょう。上求菩提・下化衆生の誓願を持ちましょう。それによって菩薩の道を歩み始め、自分の中に渦巻くエネルギーを発散する蛇口を変えて他者救済のために放出し始めることができます。

欲望というエネルギーを誓願という意志に変え、その意志が行為となって展開するとき、生きる生活の場が生き生きと輝き始めてきます。

菩薩から仏へ

　では、菩薩として生きる期間はどのくらいでしょうか。答えを聞いて驚かないでください。それは、**〈三阿《さんあ》僧祇《そうぎ》劫《こう》〉**にもわたる長い長い期間です。阿僧祇劫とは、原語でアサンクヤー・カルパ（asaṃkhya-kalpa）といいます。まずカルパ（kalpa）ですが、これは正式には「劫波《こうは》」と音訳され、縮めて劫《こう》といいます。永劫というときの劫で、長い長い時間を意味します。ではどのくらい長いかというと、次のようなたとえが説かれています。

「例えば、四里四方の岩山に百年に一度天から天女が降りてきて羽衣でその岩肌をサーッとかすめていく。こうして岩がすべて磨滅してしまうまでの期間が一劫である」

　そのような永遠に近い時間に、さらに阿《あ》僧祇《そうぎ》（asaṃkhya　数えることができないという意味。無数と意訳）という形容句がついています。その数えられないほどの長い期間を、さらに三回繰り返してはじめて菩薩を終えて仏陀になるというのです。このように「上求菩提・下化衆生」の誓願のもと、永劫にわたって生き続けるぞという菩薩の意志の強さに、そのエネルギーのすばらしさに、すごさに驚かされます。

　この三阿僧祇劫にわたる菩薩の期間を、菩薩はどのように変化していくかを次ページに図示してみます。

　まず、**〈発心《ほっしん》**（菩提を得ようという心を発《おこ》す）〉すると菩薩になります。

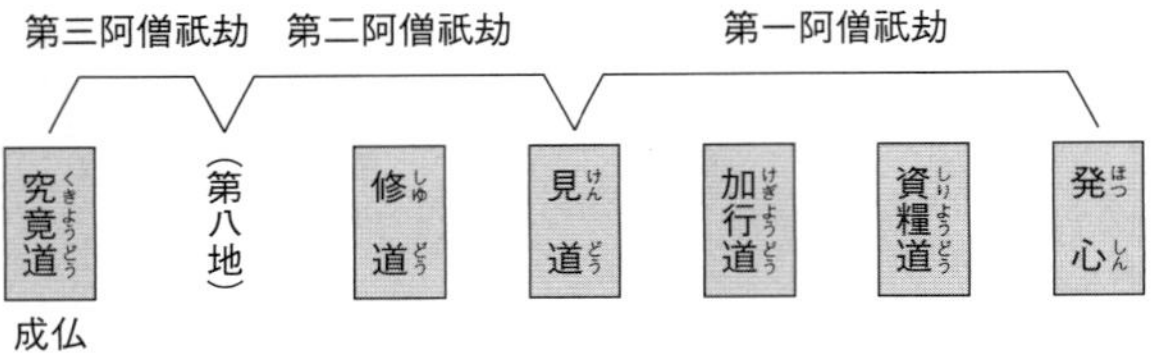

第一阿僧祇劫の間は、いまだ真理（真如《しんにょ》）を見ていない菩薩の位です。発心してからの最初の位を、〈資糧道《しりょうどう》〉といいます。仏になるための資糧を貯える準備段階です。具体的には智徳《ちとく》と福徳《ふくとく》の二つの資糧を貯えます。

このうち、智徳とは知性の面での「よさ」です。この智徳の智は智慧の「智」で、知識の「知」ではありません。智慧は必ず禅定《ぜんじょう》を修して身につくものです。

波がない桶《おけ》の水が満月をそっくりそのまま映し出すように、静まった心に真理が映し出されてきます。すなわち、智慧が現れてきます。仏のような智慧とまではいかなくても、凡夫である私たちも静かに坐禅を組むことによって知らず知らずのうちにすばらしいものを身につけていくことができます。それが智徳です。

もう一つの福徳とは、いわば全人格における「よさ」です。よくあの人は福々しいといいます。その人の顔を見るだけで、あるいはその人の横にいるだけで幸せになるような人がいます。その人には知性とは違う、なにか別のものが身についているからでしょう。人のいやがることを率先して行う。あるいは、全身全霊で相手のために身を尽くす。そこに気がつかないうちになにかを得ることになります。それが福徳です。

菩薩の第二段階は、〈加行道《けぎょうどう》〉です。ますます真理に近づいてきたという確信のもと、修行に一段と力を加えて努力精進する段階です。ここで修せられる禅定に明得定《みょうとくじょう》・明増定《みょうぞうじょう》というものがありますが、この名から察せられるように、自分の中に智慧の光明がますます増してくる段階です。光が増すことによって、心が明るく清浄になっていきます。真如の月を覆っている雲が消え去っていきます。心が根底から浄化され、いつも身心が爽快でかつ思うとおりに行動できるようになります（身心の軽安《きょうあん》を得る）。もはや不退転の心で修行に専念していきます。

以上の二段階の努力を経て、ついに真理を見るに至ります。その段階を、〈見道《けんどう》〉といいます。この段階で凡夫から聖者へと飛入して、もはや凡夫に戻ることはありません。心の底に潜んでいた真理を見る智慧の種子《しゅうじ》が長い間の聞《もん》・思《し》・修《しゅ》にわたる精進によって生長・発育してついに芽を吹いたのです。または、もともとある真如の月がそれを覆っている雲霧を一気に晴れさせ、心の中にはじめて顕現したのです。そのときの喜びは、たとえようがないといわれています。この見道が別名「歓喜地《かんぎじ》」と呼ばれるのもそのためです。

以上、「見道」に至るまでの「資糧道」と「加行道」との二つが最初の第一阿僧祇劫に含まれます。もう永遠ともいえる期間、努力精進してはじめて真理を見て聖者になれるのです。

でも、菩薩にはまだ果てしない修行の期間が待ち受けています。見道から、〈修道《しゅどう》〉に入るのですが、その修道を十の段階に分けて十地《じゅうじ》といいます。この十地で一地一地修行を重ね、深層の心にある障りを一つひとつ取り除いていきながら、心の中に真如をますます分明に輝かしめるのです。そして、見道からこの十地のうちの第七地までに、また一阿僧祇劫という膨大な時間がかかるのです。

第七地から第八地へ、ここにまた大きな人格的飛躍が起こります。第八地に至ると、「無《む》相《そう》・無《む》功《く》用《ゆう》」に生きることができるようになります。無相に生きるとは、対象、姿、観念、影像、思いなどを分別することなく、人々の救済を行うことです。無功用に生きるとは、意図することなく自然に他者を救えることです。なんとすばらしい生き方でしょうか。そのように生きられるのは、そこには「自分」というものがなくなっているからです。次にこの第八地から仏になるまでの期間が第三阿僧祇劫に相当します。

仏になることが近づいたときに、「相好《そうごう》の百劫《ひやっこう》」という期間があります。仏になるために身体的なありよう（相好）を仏にふさわしいものにしていくための期間です。あの仏像の姿を思い出してください。種々の特徴を備え、美しく威厳に満ちたあの風貌を身につけていく期間です。仏になる直前に修する禅定を、〈金剛喩定《こんごうゆじょう》〉といいます。ダイヤモンドのような禅定という意味です。あのブッダガヤーの大塔の横にある菩提樹の下にアショーカ王が作った金剛座がありますが、それは彼の地で釈尊が金剛喩定を修して覚られたことを記念して作り、安置したものです。

この、すべてを切り割いてしまうダイヤモンドにたとえられるような強力なエネルギーを持つ禅定で、最後の最後まで残っていた執拗な煩悩の残滓《ざんし》を焼き切った、次の瞬間に仏陀〈覚者〉になる、すなわち成仏《じょうぶつ》し、長い修行の道が完成されるのです。そこで仏になった位を、〈究竟道《くきょうどう》〉といいます。

以上のように、まさに永遠ともいえる時間をかけて菩薩は仏になるのです。しかし、仏になるために修行するのではありません。まさに菩薩の精神は、〈大悲闡提《だいひせんだい》の菩薩〉に典型的に現れています。闡提、すなわち一闡提とは、決して仏になることができない種姓を有した人のことですが、厳密にいえば、仏になることを願わず、生死輪廻《しょうじりんね》して永遠に人々を救い続けると決心した人のことです。

大悲闡提、なんとすばらしい広大な誓願に生きる人か。私たち凡夫にはとうてい起こしえない誓願です。でも、エゴや我執《がしゅう》を徐々に削っていくならば、いつかはこのような願いを起こすことがあるかもしれません。いや、いつかではだめであって、きょう、いま無理をしてでもいい、大悲闡提の菩薩になろうと決意してみましょう。

死んでも死なないぞ、いや死ねないぞ、大悲闡提の菩薩として生きるぞということの思いが、誓願が、死を解決する出発点になるかもしれません。

玄奘三蔵が求めたもの

以上、永遠ともいえる長い期間にわたる菩薩の生き方を紹介してきましたが、これはあくまでも長い時間をかけて仏教の歴史の中で成立してきた思想です。そこで時間を止めて、もっと具体的に菩薩はどのような生き方をするのか、それについて次の『瑜伽師地論《ゆがしじろん》』の所説を参考に説明いたしましょう。

『瑜伽師地論』というのは、紀元後三、四世紀ごろ、インドにおいて作られたもので、中国の玄奘三蔵《げんじょうさんぞう》がそのサンスクリット原本を求めて、国禁を犯してまでもインドに赴いたほどの重要な論書であります。この書は、漢訳で百巻にも及ぶ膨大なもので、単に大乗《だいじょう》の教理が唯《ゆい》識瑜伽行派《しきゆがぎょうは》の立場から説かれているだけではなく、それまでの部派仏教の思想、仏教以外の諸派の教理、さらにはインド文化の諸相も織り込まれ、当時の百科全書、ともいうべきものです。また、その中の「本地分菩薩地《ほんじぶんぼさつじ》」という章では、菩薩に関し多角的視野から論じられ、この書はまさにそれ以後の菩薩の精神の源泉ともなりました。この書の菩薩に関する所説を検討する前に、しばらく玄奘三蔵についてお話をさせていただきます。

玄奘は、小説『西遊記《さいゆうき》』の主人公として有名ですが、七世紀、インドへの求法《ぐほう》の旅をした人物として現代まで語り伝えられ、尊敬され続けてきました。

よく学者の間では、玄奘三蔵は『瑜伽師地論』の旧訳《くやく》である「十七地経《じゅうしちじきょう》」の訳がよくないから、そのサンスクリット原本を求めてインドへの旅を決意したと、その動機が語られていますが、私は決してそれだけではなかったと思います。玄奘三蔵の青年時代は、中国が唐としてまとまる以前であり、当時、彼が住んでいた洛陽《らくよう》や長安《ちょうあん》では戦火が絶えず、街中には死体が散乱していたのです。玄奘はその惨状を感受性の強い心で眺め、いったいなぜなのだと思い悩み、その解決を仏教に、特に『瑜伽師地論』の説く唯識思想に求め、その習得を目ざして不東の精神（なにがあってもインドに着くまでは東に、すなわち中国に帰らないという気構え）でインドに旅立ったのです。

玄奘三蔵は、このように人間はなぜ苦しみ、悩み、そして戦争という最大の愚行を犯すのか、その答えを求めたいという堅固な志があったからこそ艱難辛苦《かんなんしんく》の旅を成就でき、また訪れた国々においてていねいな接待を受けたのでしょう。行く先々の国王が、玄奘三蔵の中に潜んでいるすばらしい強靱な意志ないしは誓願を感じ取ったのでしょう。だからこそ、帰国に際しては、皇帝をはじめ、長安をあげて彼を盛大に迎えたのです。また帰国後の二十年間、皇帝の庇護のもと、全国から高僧を集め、訳経事業に専念することができたのですが、これらはすべて彼の「上求菩提《じょうぐぼだい》・下化衆生《げけしゅじょう》」の願いから生じたものであったといえるでしょう。まさに玄奘三蔵こそ生きた菩薩の典型であります。

この玄奘三蔵が訳出した『瑜伽師地論』や、さらに『成唯識論《じょうゆいしきろん》』に基づいて、弟子の慈恩《じおん》大師《だいし》・窺基《きき》が立てた宗派が法相宗《ほっそうしゅう》です。そして、この宗派の教理である唯識思想が、奈良時代に日本に伝わり、仏教の基本学として現代にまで脈々と学ばれ続けてきました。もしもあの玄奘三蔵の命をかけたインドへの求法の旅が、そして帰国後二十年にもわたり七十五部千三百三十五巻もの経論を訳したという努力精進がなかったら、今日の日本仏教はなかったといっても過言ではありません。

私は、この恩人・玄奘三蔵の志を継いで、玄奘への報恩行《ほうおんぎょう》として『唯識 仏教辞典』を編纂することになりました。

菩薩の生き方

ここで、『瑜伽師地論』七十九巻に説かれている菩薩の生き方を考えてみましょう。

問う。菩薩はまさに何をもって苦と為すと言うべきや。

答う。衆生の損悩《そんのう》をもって苦と為す。

問う。菩薩はまさに何をもって楽と為すと言うべきや。

答う。衆生の饒益《にょうやく》をもって楽と為す。

問う。菩薩はまさに何をもって作意《さい》すると言うべきや。

答う。所知《しょち》の境界の辺際に悟入《ごにゅう》すること、および一切の衆生を利する事を為す事をもって作意する。

問う。菩薩はまさに何をもって住《じゅう》と為すと言うべきや。

答う。無分別《むふんべつ》をもって住と為す。

右の菩薩の四つの生き方を一つひとつ検討してみましょう。

（1）問う。菩薩はまさに何をもって苦と為すと言うべきや。

答う。衆生の損悩をもって苦と為す。

菩薩はなにをもって苦とするかと言えば、衆生の損悩をもって苦しみとするのです。「損悩」とは損害や苦悩のことです。ほんとうに、この地球上では常に多くの人が損害と苦悩を受けています。世界各地で起こる干魃《かんばつ》や飢饉による飢えの苦しみ、あるいは地震による被害といった天災から始まり、また各地で起こる民族紛争や宗教対立といった人災に至るまで、いま地上で苦しんでいる多くの人々の苦しみに思いをはせると私たちは心が痛みます。しかし、そのように心が痛んでも、やはり自分の苦悩や損害にだけ眼を向けてしまうのが私たち凡夫の性《さが》です。これに対して、菩薩は他者の苦しみを自分の苦しみとするという、まさに自己を滅した徹底した利他《りた》の精神で生きる人です。

次に苦の反対の楽についての問答が続きます。

（2）問う。菩薩はまさに何をもって楽と為すと言うべきや。
答う。衆生の饒益をもって楽と為す。

「饒益《にょうやく》」とは、他人を豊かに安楽にし、利益を与えることです。菩薩は自分の楽を楽と考えるのではなく、人々を安楽にし利益を与えて人々が楽になることを自分の楽とするのです。苦の場合と同じく、自己を顧みず他者救済に徹する菩薩の生き方が述べられています。

次の問答では、考えるということが問題となっています。

（3）問う。菩薩はまさに何をもって作意すると言うべきや。
答う。所知の境界の辺際に悟入すること、および一切の衆生を利する事を為す事をもって作意する。

「作意」とは、考える、思考するという意味です。菩薩はなにを思考の対象にするのか、なにを考えなければならないのか。これに対して、まず「所知の境界の辺際に悟入する」ことを思考するのです。所知とは「知られるべきもの」という意味です。

私たちには、多くのいろいろな知られるべきものがあります。科学の発達によって多くの謎が解明され、自然についても多量の知識が得られました。また、心理学や生理学の発達によって心や身体のメカニズムが解明されました。しかし、菩薩は「所知の辺際」、すなわち「知るべき究極のもの」を悟ることを考えるのです。この「所知の辺際」とは、何度か言及してきました「真如《しんにょ》」です。「あるがままにあるもの」です。すべての存在の究極のありようです。それに悟入しよう、それに至ろう、それを悟ろうと考えるのが菩薩であるということであります。

次に、このように究極の存在、すなわち真如を悟った智慧に基づいて「一切の衆生を利する事を為す事」を思索します。どのようにすれば苦しむ人々を救済することができるかを考えるのです。このような菩薩の二つの思考は、前述した上求菩提・下化衆生の二つの誓願に対応することは容易にわかります。

次に、最後の問答の検討に移りましょう。

（４）問う。菩薩はまさに何をもって住と為すと言うべきや。

答う。無分別をもって住と為す。

「住」とは、いまここにこうしてあり、生きていて、行為しているありようです。その生きるありようがどうあるべきか。その答えが、「無分別をもって住と為す」という一文です。無分別智《むふんべつち》をもって生きることです。この無分別智の働きについてはすでに何度か述べましたが、とにかく「自分」と「他者」とその間に展開する「行為」との三つを分別することなく、行為そのものに成り切って生きることです。菩薩はまさにそのような生き方が可能な人なのです。

以上、『瑜伽師地論』の所説を手がかりに菩薩としての生き方を学びました。いずれも、私たちには実行困難な生き方ですが、あまりに自己中心的、人間中心的な生き方に終始している現代人に大きな教訓となる考えではないでしょうか。

とにかく無理をしてでもよい。「自分などどうでもいい、人のために生きるぞ！」と声高く叫んでみましょう。その声が、必ずや深層に潜む普遍的で純粋な意志を目覚めさせるものと私は信じています。

第十二章　「唯識」をいまに生かす

これまで十一章にわたり、唯識思想をさまざまな角度から紹介し検討してきましたが、最後に、これまでの復習も兼ねて唯識思想を日常の生活の中で生かすとどういうことが可能かをまとめとして考えてみましょう。

他人への思いやりを持つ

【人人唯識《にんにんゆいしき》】　人はみな一人ひとり、根本心である阿頼耶識《あらやしき》から生じた世界、宇宙の中に閉じ込められ、その外に抜け出ることはできない。すなわち、一人一宇宙《ひとりひとうちゅう》である。

「一人一宇宙」であるということは、だれしもが認めざるをえない事実です。ですから、他人のことがよくわからず、他人をなかなか理解できません。理解できないだけでなく、ときには対立を引き起こします。その対立は、家庭内、会社の中、社会の中でさまざまな形となって現れます。

人間にとって生きているという苦しみは、宮澤賢治があの「雨ニモマケズ」の中で「北ニケンクワヤソシヨウガアレバ　ツマラナイカラヤメロトイヒ」とうたっているように、自分と他者とのけんかや訴訟といった対立です。

でも、なにかそのような争いや対立が起こったら、一人一宇宙なのだ、自分は相手の宇宙の中に、相手の心の中に入っていけないのだ、という事実を思い出してみましょう。そうすると、「あの人は〇〇である」と思うその思いや判断は、もしかしたらまちがっているのかもしれないということに気づきます。「あの人は憎い、嫌いだ」という気持ちは、自分が勝手にその人をそういう人に、いわば色づけしてしまったのかもしれないと反省してみてはいかがでしょうか。

ほんとうに私たちは、他人のことをなにもわかってはいないのです。そのことに気づけば、他人に対して謙虚につき合っていくことになります。

また、一人一宇宙という事実に気がつけば、相手への思いやりが生じます。例えば、病気で苦しんでいる人、精神的に悩んでいる人がいれば、その人の宇宙は、その人の宇宙全体は、病気や悩みで地獄になっているのかもしれないと、その人の宇宙に思いをはせることになります。もし自分にも同じような経験があれば、同情の心が一層強くなります。

このように、一人一宇宙なのだという眼でもって周りで生きている人を見るならば、「ああ、みんな重たい荷物を背負って生きているのだ」と、他人への思いやりと関心が強まってきます。人間に対してだけではありません。犬も猫も、鳥も、そして小さなアリもハエも、みんな人間と同様、それぞれ自分の宇宙の中に住んでいるのです。一動物一宇宙、一生物一宇宙です。鎖につながれ、一日一回の食事と散歩のみが楽しみの飼い犬を見るにつけ、私はその犬がかわいそうだと思います。庭で遊んでいるように見えるスズメたちも、一羽一宇宙で、いつも餌を探し求めて飛び回っているのです。ほんとうにたいへんな生活の連続でしょう。

一人一宇宙、一動物一宇宙、この事実を知れば知るほど、他者に対する謙虚さと思いやりの気持ちが生じてきます。

「自分」と「もの」への執着をなくす

【唯識無境《ゆいしきむきょう》】唯《た》だ識、すなわち心が存在し、心の他に「自分」も「もの」も存在しない。
【唯識所変《ゆいしきしょへん》】すべての存在は、根本心である阿頼耶識が変化したものである。

人から非難されるとそれを素直に認めて反省する人は少ない。私たちは、なぜ自分をこのようにののしるのかと怒ります。例えば、相手から「ばかだ」といわれると怒ります。これに関して、私はよく授業で学生と次のような問答をしています。

以下はすべて演技ですが、ある一人の学生に「ばかだ」と言って、その学生に「なんで自分をばかと言ったのか」と怒ってもらいます。そのとき私はすかさず、「君の頭がばかであると言ったのではなく、唯《た》だそこにある頭の働きが鈍いと言ったまでのことだ」と説明すると、たいていの学生が、ああそうかと納得し、ときには笑い顔になります。そのとき、その学生は頭を「自分の頭」としてではなく、「唯《た》だ頭」としてみることができたのです。

このように、「自分」という思いと言葉とをなくして「唯《た》だ」とみるとき、それは事実を事実としてみることになるのです。しかし、私たちは「自分」というものを中心に据え、それが主人公となって思い、考え、振る舞っているのですが、そのような自分は決して存在しない。それは心というキャンバスの上に、思いと言葉とによって描かれた絵のようなものであって、決して実体としてあるものではないと唯識思想は主張します。

たしかに「自分」というものはありません。前に何度か実験してきましたが、手を見て「自分の手」と思っても、その「自分」という言葉に対応するものをいくら探してもみつかりません。「自分」というのは唯《た》だ言葉の響きがあるだけです。しかし、私たちはふつう「自分は、私は、おれは」などと言い張って他人と対立しています。ときには、その対立は争いや暴力にまで発展します。「自分」をあると思うのは心が乱れているからです。その乱れる心を静め、静かな心であるがままにみる心で「自分」という言葉に対応するものを探してみると、なにも見いだすことはできないのです。

「静かな心」と「あるがままにみる心」、この二つの心を起こしてものごとを観察する方法がヨーガです。あるいは禅定《ぜんじょう》、止観《しかん》ということができます。できれば、だれか指導者についてヨーガか禅を学び、修することがあればそれにこしたことはありません。もしそれができなければ、なにかことに当たって、前に例に挙げたように、人に非難されて怒ったりしたとき、非難された「自分」というものははたしてどういう自分なのかと観察し、反省してみましょう。自分という言葉が心の中に浮かんでいる状態で、心を観察することができるように心を静めてみましょう。するとあるのは言葉だけであって、「自分」という言葉に対応するものはないと気づくのです。

本来、ないのにあると思いまちがっているのは「自分」というものだけではありません。手も頭も足も、さらには身の周りの調度も、衣服も食事も住居も、お金も財産も、総じて「もの」といわれるものすべては言葉の響きがあるだけです。

そのように言われると、そんなばかな、自分の周りには厳としてそのような「もの」は存在するのだと反発する人がほとんどでしょう。しかし、この場合も静かな心で観察してみると、心の中にそれらの影像があるだけです。その影像に対して、例えば、それは「お金である。ほしい」と言い、思ったとたんにその影像がいわば外に強引に投げ出され、それが外界に存在するが如き「もの」に変貌してしまうのです。

私は大学で唯識を学んだのですが、私が真の意味で唯識学の薫陶を受けた方は奈良・薬師寺の橋本凝胤《はしもとぎょういん》長老でした。長老は戒律を厳しく守られた厳格な方でした。私は印度哲学科に移った直後の若いとき、月二回長老の唯識の講義を拝聴する機会に恵まれました。その講義の中で、繰り返し語られる次の言葉がいまでも長老の厳しいお顔と共に思い出されてきます。それは、「心内の影像を心外の実境と執するところに迷いと苦しみが生ずるのだ」という言葉です。これこそ唯識思想のエッセンスを簡潔に述べたものです。

憎悪をもってある人を憎み、人と対立している人、お金や衣食住のことがらに執着している人、自分の身体や容貌が気になっている人、会社の地位にこだわっている人、そのような人がいれば、右の言葉を繰り返し心の中で反復し、そして、「自分とは言葉の響きがあるだけであり、対立し、執着し、気になり、こだわっている対象はすべて心の中の影像にすぎなく、それらに対応するものは決して存在しない」と心に言い聞かせてみましょう。すると、心の悩みが薄れていくかもしれません。

唯識思想を「性相学《しょうぞうがく》」という場合がありますが、性相のうちの相とは、いま述べた、心の中に現れる影像です。そして、これら相の本性を性といいます。したがって性相学とは、学問的には相と性とに分けてそれぞれがなにかと学ぶことですが、実践的には相を滅して性を証することであるといわれています。本性を証《さと》るとまではいかなくても、少なくとも心の中に生じてくるさまざまな相に惑わされないために、それらは影像にすぎないと知ることがまずは大切です。

いま影像を相といい換えましたが、現代人の心の中にはなんと多くの相が現れてくることでしょう。子どものときからの詰め込み教育や、テレビや新聞などからの一方的ともいえる多量な情報の提供によって、心はもはやイメージ、思い、言葉があふれんばかりの状態になっています。また、物質的に豊かな時代であり、街やデパートの中を歩けば、ほしい「もの」が次々と目の中に飛び込んできます。もう心は相で、影像で氾濫しそうです。

このような、私たちの心のいわば波を静めるために、「唯識無境《ゆいしきむきょう》」という唯識思想の根本主張に耳を傾けてみましょう。

静かに坐る

【念《ねん》】　あるひとつの対象を、心の中で消すことなくずっと記憶し続けていく心の働き。

二〇〇一年から、興福寺主催の仏教文化講座で講師を担当し、毎月一回『般若心経《はんにゃしんぎょう》』を唯識的に講義しておりますが、講義のあと、本坊で「瑜伽行《ゆがぎょう》の会」を開いております。毎回、聴講者のうち四、五十名の方々が熱心に参加しています。予想を上回る人数で、唯識を唯《た》だ知的に理解するだけでは満足できず、実践を通してその教理をより深く納得したいという方々がおおぜいおられることを知り、喜んでおります。ヨーガ（瑜伽）については第九章で詳しく述べましたが、そのエッセンスは、「静かな心」と「ありのままにみる心」とを起こして静かに坐ることです。

静かな山村はともかくとして、現代はまさに喧噪の時代です。街では車やおおぜいの人々が行き交い、商店街を歩けば宣伝文句が拡声器から流れています。また、新聞やテレビを通して、連日血なまぐさい事件が報道されています。ときはまさにITの時代であり、日々の新しい情報に心はもう疲れ切っています。現代人は、耐えきれないほどの騒音の中に生きているといっても過言ではありません。

その喧噪に耐えるために、外に流れ出る心のエネルギーを内に止めて、しばらくでも静かに心の中に住する時間を持ちましょう。目を閉じて、吐く息・吸う息を静かに観察してみましょう。もうそれだけで乱れる心が落ち着いてきます。

あるいは、なにか念持仏《ねんじぶつ》を持っている方は、その仏の姿を心の中に浮かべてそれを念じ続けることでも心は静まっていきます。

私はことあるごとに、興福寺の国宝館の中に安置されている千手観音《せんじゅかんのん》を心中に浮かべて念じることにしています。それは以前、興福寺で行った四度加行《しどけぎょう》という修行の最中、毎日一回堂参といって、境内にある数ヵ所のお堂にお詣りし読経するのですが、そのひとつがあの大きな千手観音だったのです。毎日そのお顔を一心に拝みながら観音経《かんのんぎょう》をお唱えしましたから、いまでも目をつむればその姿が鮮明に心の中に現れてきます。そして、なにか苦しいこと、つらいこと、恐ろしいことに出会ったとき、その観音さまに出現していただき、一心に「南無観世音菩薩《なむかんぜおんぼさつ》」と念じ続けることにしています。すると不思議に心が落ち着き、苦しみと恐怖が薄らいできます。

一つひとつの行為を大切にする

【阿頼耶識縁起《あらやしきえんぎ》】表層の行為のありようは深層の阿頼耶識に影響を熏じる、すなわち種子《しゅうじ》を植えつける。

これまでにもたびたび言及しましたが、タバコの吸い殻を路上に捨てる人がなんと多いことか。

私は、埼玉県飯能市の入間川のあたりに住んでいるのですが、人通りがそれほど多くはない駅までの道でも、一メートルおきぐらいに吸い殻が捨てられています。池袋の繁華街に至っては、数センチおきに山と捨てられています。どのような気持ちで捨てるのでしょうか、私には理解できません。

唯《た》だ、捨てる人は、自分のそのような行為がどのような結果を引き起こすかに気づいていないということだけは確かです。吸い殻を捨てたらもちろん路上を汚し、他人に迷惑をかけることになりますが、もうひとつ、その行為は捨てた本人の心を、しかも深層の心を汚すという結果を引き起こすということに気づいていないのです。

「塵《ちり》も積もれば山となる」ということわざがあります。ほんとうに「こんなことぐらい」と思って行動することが、知らず知らずのうちに自分を深層から変えていきます。

何事であれ、ひとつの行為はほかに対して作用すると同時に、必ず自分に跳ね返ってきます。タバコのポイ捨てという行為も、路上を汚くし、他人に迷惑をかけると同時に、その行為が深層に、すなわち阿頼耶識に影響を与え、自分の心を根底から汚すことになるのです。またある人を憎む、暴言を吐く、ときには暴力にまで及ぶというような行為は、他人にいやな思いをさせる、あるいはけがをさせることになりますが、同時に自分の心も濁していくのです。

表層の行為は必ず深層の心に影響を与えるということわりを、唯識思想は「阿頼耶識縁起」と呼びます。この阿頼耶識縁起は、いま私たち人間に厳として働いている理です。この理に気づくとき、私たちは一瞬一瞬の自分のありようを正していこう、正していかねばならないという思いが強くなっていきます。

いま「自分のありよう」といいましたが、そのありようを分析すると、身体的、言語的、精神的な三つのありように分かれます。いわゆる身・語・意の三業《さんごう》といわれるものですが、この中で前の二つは最後の意業、すなわち意志の働きから生じてきます。なにか体を動かす、あるいは語るという行為の奥には必ず意志があります。

意志、すべての行為を生じるこの根源的な心の働きに、私たちはほとんど注意を向けていません。例えば、「きょうはなにをしなければならないのか」と考え、「そうだ、きょうはこれこれをする予定がある」と一日の予定を思い出しますが、それはあくまで知るという知性の働きです。しかし、ときには朝目覚めたとき、「きょうはなにをしたいのか」と自分の心の中の「意志」に問いかけてみようではありませんか。すると、例えば、「きょうは掃除をしなければならないのだ」という義務的な言葉ではなく、「きょうは掃除をしたい」という願望的言葉が心の中に生じてくるでしょう。

成り切って行動する

【無分別智《むふんべつち》】「自分」と「他者」と「行為」とを分別しない智慧《ちえ》。

掃除をしたいという気持ちから掃除をするならば、それはあまり苦にはなりませんが、あまり乗り気ではないのに掃除をしなければならないと思って掃除をし始めると、それは負担になります。しかしそのときでも、「よし、掃除することに成り切ってみよう」と決意して、掃くこと、拭くこと、片づけることに成り切って行動してみましょう。

成り切って行動するとは、「自分」と「他者」と「行為」とを分別しない無分別智で行動することです。その成り切って行う行為は、それを成し遂げると必ずや心地よい気持ちにしてくれます。掃除、仕事に成り切ったその行為が、無分別智が深層の心を清らかにするからです。

自然には分別やはからいがありません。太陽は差別することなくすべての存在に光と暖かさを与えています。春になると、花はその美しさを惜しみなく人間にも動物にも示してくれます。太陽は唯《た》だ照り、花は唯《た》だ咲いているのです。これに比べて、人間にはなんと分別やはからいの多いことか。例えば、眼を開けて見る。その「見る」という行為は自分が見ようと思って見たのではなく、見せられたのです。眼前にあるこの花を見まいと思っても見ざるをえないのです。それなのに「自分が見ているのだ」と私たちは思ってしまいます。自分というものが存在しないのに、言葉と思いでそれを無理に（というよりも無反省に）作り出して、それを行為の主人公にまつり上げてしまうのです。あるのは唯《た》だ「見る」という心、エネルギーの変化だけです。広く、唯《た》だ現象があるだけです。唯《た》だ身体と心とからなる、いわばいのちの活動があるだけです。

この「唯《た》だ」という言葉をもって周りを、心の内を観察してみると、唯《た》だあるということがわかってきます。そのようにわかったら、日常生活の中で、その「唯《た》だ」という言葉が意味することをじかに知るために「唯《た》だ」に成り切りましょう。歩くとき、立ち止まるとき、座るとき、仕事のとき、学ぶとき、遊ぶとき、そのときどきに成り切って生きていってみましょう。そこに「自分」と「もの」とが融解して、行為がすっきりさっぱり自由になっていきます。唯識は唯《た》だ「識である」ということより、「唯《た》だ」という点が重要なのです。

私たちは、自分の力でこの世に生まれてきたのではありません。気がついてみたら、この世に投げ出されていました。また、自分の力でものを見るのではありません。見せられているのです。いつも〝自分〟ではない力によって、〝自〟と〝他〟とからなる二元の世界の中に投げ込まれているのです。

例えば、眼を開けるとそこになにものかがいます。その二元対立の世界の中で、次に〝自分〟の力、すなわち意識が起こす言葉でもってさらに対象をAか非Aかに分けて認識します。つまり、目の前のなにものかを「憎い人」と「憎くない人」とに分けて、分別してしまうのです。

このように、私たちは二重の意味でもとの生の存在を、大げさにいえば雲泥に相違するものとして加工してしまうのです。そのいわば存在からの乖離《かいり》をもとに戻すには、まず言葉を離れて対象を認識することから始めなければなりません。そして、なお残る自と他との対立をもとに戻すために、対象に、例えば、憎いと思う人に成り切ることが必要です。その成り切る力、それが繰り返し述べてきた「念」であります。

念とは、あるひとつの影像を心の中に記してその影像を消し去ることなくずっと記憶し続けていく心の働きです。ひとつの同じ影像を記憶し続けていくとは、その影像に成り切ることです。念によってこのように成り切るとき、そこに「唯《た》だ」の世界が現成《げんじょう》します。

以前、興福寺で開かれた薪能《たきぎのう》の舞台を見て感動したことがあります。それは脇役の方でしたが、主役が舞っている間、十五分ぐらいでしたでしょうか、もう表情も変えず、また微動だにせず脇で立ち続けていたのです。その役者は「唯《た》だ立つこと」に成り切っていたのです。

ですから、その姿は私たちに感動を与えるのです。唯《た》だ歩く、唯《た》だ立つ、唯《た》だ坐る、唯《た》だ寝る、この行 住坐臥《ぎょうじゅうざが》の行為に唯《た》だ成り切って生きていく。難しいことですが、揺れ動き乱れる心の生活に終始する私たちの生活を、少しはすっきりするためにひとつ工夫してみる価値のあることではないでしょうか。

感謝の気持ちで生きる

【遍計所執性《へんげしょしゅうしょう》】　言葉で語られ執着されたもの。「自分」と「もの」とに執着して生きる世界。

【依他起性《えたきしょう》】　他によって生起したもの。他の多くの力によって生かされてある世界。

【円成　実性《えんじょうじつしょう》】　清らかに成り切った世界。

私たちは、手や足を使う主人公は「自分」であると思っているので、年をとり、手足が思うように動かなくなると不平を言い、ときにはこんちくしょうなどと言って怒ることもあります。しかし、静かに考えてみると、この手足は〝自分〟をほんとうに長い間支えてきてくれたのです。

私は以前、スキーで転び、ひざをけがしたことがあります。その破損箇所を検査することになり、ひざのところから細い検査器の管を入れて、私もテレビのモニターで見ながら検査をし、半月板の一ヵ所が損傷していることがわかりました。お医者さんが、「ここを切って取り除きましょうか」と同意を求めてきたとき、私は「どうぞお願いします」と言い、そしてそのとき、「半月板さん、これまで私の足を円滑に動かしていただきありがとう」と心の中で感謝しました。

それは、私にとって貴重であり不思議な体験でした。ふつうなら、なんでこうなってしまったのかと不平のひとつも言うことになるのですが、そのときは素直にありがとうという気持ちが起こってきたのです。それは、私がもうだいぶ年をとっていたからかもしれませんし、また少しは自分を客観的にみることができるようになっていたのかもしれません。

ふだん私は、「自分が生きているぞ」という世界に生きています。なにをするにも、「自分が、自分の、自分によって」などと考え、主張します。そのような生き方を、唯識思想は

「遍計所執性の世界に生きている」といいます。

いつまでもこの「自分」の「身体」は元気で美しく強くあってほしいと願います。そして現実に病み衰えると不平を言います。でも、静かに観察し、考えてみましょう。手、足、心臓、胃ないし六十兆の細胞からなるこの身体の隅々までが、〝自分〟のいのちを支えてくれているのです。ですから歩くたびに、食べるたびに、「足さん、胃さん、舌さん、ありがとう」と感謝しようではありませんか。

自分はある。しかし、それは仮にあるのであって、〝自分〟以外の無量無数の存在ないし力によって生かされてあるというこの事実を、唯識思想は「依他起性の世界に生きている」といいます。他によって生起した世界という意味です。この〝自分〟を支え、生かしてくれている存在により多く気づけば気づくほど、そこに「自分」という思いはますます薄らぎ、同時にありがとうという感謝の気持ちが増してきます。

人間だれしもが、すっきりと、さっぱりと、さわやかに生きたいと願っていますが、現実はその逆で、なんでこうなったのかと愚痴や後悔、不平不満の毎日です。しかし、右に述べましたように、静かに観察し、生かされてあるという事実に気づき、少しでもその不平不満を感謝の気持ちに切り替えてみてはどうでしょうか。

私事で恐縮ですが、この数年間、朝風呂に入って身支度をするとき、湯船に浸かって、「心臓さん、肝臓さん、胃さん、六十兆の細胞さん、すべての臓器さん、ありがとう。この心さん、ありがとう。どうかきょう一日も元気で過ごさせてください」と手を合わせてお祈りをすることにしています。自分の身体、自分の心といいますが、それらは決して自分のものではないからです。

感謝する心、それは深層の心に影響を与え、心の底から浄化していきます。清らかに成り切った心で生きる世界、それを唯識思想は、「円成実性の世界に生きる」といいます。円満で、成就し、真実なる世界という意味ですが、これはもちろん覚者（仏陀）のみが生きることのできる世界で、私たち凡夫《ぼんぶ》には高嶺の花であるかもしれません。でも、その世界にいつか至ることを理想として、日々の汚れた生き方を少しでも反省して、清浄な世界を目ざして一歩一歩、歩み続ける決心をするだけで生きる勇気がわいてきます。

原本あとがき

「唯識」すなわち「唯《た》だ心だけが存在する」という思想が仏教にあることを、これまでご存じの方はあまり多くおられなかったと思います。しかし、この唯識思想は、小説『西遊記』の主人公としても有名な七世紀の中国の僧・玄奘三蔵《げんじょうさんぞう》が十七年間もの長きにわたる艱難辛苦の努力の末、インドから中国に伝えた思想です。そしてそれは奈良時代に日本に伝来し、以来現代に至るまで水面下ではありますが、仏教の基本学として脈々と学ばれ続けてきた重要な思想です。

この重要な思想が、二十一世紀を迎えた現代、にわかに脚光を浴びてきました。それは最高度に達した物質文明の中に生きる私たち現代人が、これまでなおざりにしてきた「心」の大切さに気づきはじめたからでしょう。

ほんとうに「心」ほど自分にいちばん身近なものでありながら、捉えどころのないものはありません。しかも、そのありようによってこれほどに自分を苦しめ迷わすものはありません。

この不可思議ともいえる心を深層から観察し分析して、みごとにその秘密を解き明かしたのが唯識思想です。それは単なる知識としての仏教ではなく、その教理に基づいて生きていくならば、必ずや心を根底から変革して迷いから悟りに、混迷から平安に至ることができる実践的な仏教です。

いまや世は混迷の極に至ろうとしています。世界に目を向けると、地球環境問題から民族紛争、宗教対立、そして世界を震撼しつつあるテロ事件、日本国内では家庭内暴力から始まって教育現場の破壊、若者による安易な殺傷事件、また、おとなの世界では政・官・経にわたる不正事件など数多くの諸問題が山積みしています。

私たちは、このような世紀をほんとうに生き延びることができるのでしょうか。

この混迷する新世紀初頭のいまこそ、「唯識」という考え方が必要とされる時代はありません。なぜならば、本書の中でも述べましたように、唯識思想は仏教でありながら科学と哲学と宗教の三面を兼ね備えた世界に通用する普遍的な思想であるからです。

本書は、平成十三年四月から一年間、ＮＨＫ教育テレビ「こころの時代～宗教・人生～」で「唯識」を講じた際に作成したガイドブックに基づいて編集したものです。難しいといわれる唯識をできるだけやさしくわかりやすくまとめたつもりです。本書を読まれた方々が、ますます「唯識」に興味を持たれることを望んでやみません。

最後に、本書出版にご尽力いただきました日本放送出版協会の出澤清明氏、みち書房の田中治郎氏、岡田理恵氏の各氏に深く感謝いたします。

平成十四年十一月二十日

横山紘一

学術文庫版あとがき

唯識思想は、いま日本のみではなく、世界的にも注目を集めています。〈唯識〉は般若の空の考えを踏まえて、三、四世紀頃に大乗仏教第二期の思想として興りましたが、そのような千数百年前の思想が、なぜ現代にブームを引き起こしているのでしょうか。

その理由を一言でいえば、〈唯識〉は、自己執着心を根源として生じるさまざまな問題に苦しむ現代人に、「心のみが存在する」という事実を気づかせ、そしてその心を変革することによって混迷から平安に至ることを説き示した普遍的かつ実践的思想であるからです。

現代のさまざまな問題としては、家庭内の親子関係からはじまって、社会の中での、職場の中での、さらには広く民族間・国家間での対立ないし紛争をあげることができます。さらに個人の領域では、うつ病や引きこもりなどに苦しむ人たちの増加です。このような諸問題はすべて人間一人ひとりの「心の病」に由来します。では、その病を治すにはどうすればよいのでしょうか。

鎌倉時代の唯識の学僧・良遍に『観心覚夢抄』という著作がありますが、この本題の「観心覚夢」すなわち「心を観察して夢から覚める」という言葉が私は好きです。本当に私たちは、睡眠中の夢だけが夢ではなくて、いまこうして覚醒している世界も〝夢〟の中の出来事です。右にあげた諸問題もすべて〝悪夢〟の中の出来事です。

したがって心の病を治すには個々人が己の心を観察して〝夢〟から覚める必要があります。「早く長夜の夢から覚めて爽やかな朝を迎えよう」と唯識思想は私たちに呼びかけているのです。私は最近、この夢に迷える心を観察する〝心〟が「覚り」であると思うようになりました。

本書は、心のメカニズムを詳しく縦横に解き明かした唯識思想を解説したものですが、本書を読まれた方々の中で、幾人かでもそのような「覚り」を得られることがあれば、これ以上の喜びはありません。

最後に、本書の出版にご尽力いただきました講談社学芸部の稲吉稔氏に深く感謝いたします。

平成二十八年一月

飯能の寓居にて

横山紘一

KODANSHA

本書の原本は、二〇〇二年十二月、日本放送出版協会よりNHKライブラリー『やさしい唯識』として刊行されました。

横山紘一（よこやま　こういつ）

1940年生まれ。東京大学農学部水産学科，同文学部印度哲学科卒業，東京大学大学院印度哲学博士課程修了。立教大学名誉教授，鹿島神流師範，「唯識塾」塾長。専攻は唯識思想。著書に『唯識思想入門』『唯識の哲学』『唯識とは何か』『十牛図の世界』『「唯識」という生き方』『唯識 仏教辞典』『阿頼耶識の発見』『唯識の真理観』ほか多数。2023年没。

講談社学術文庫

定価はカバーに表示してあります。

唯識《ゆいしき》の思想《しそう》

横山紘一《よこやまこういつ》

2016年３月10日　第１刷発行
2025年５月12日　第13刷発行

発行者　篠木和久
発行所　株式会社講談社
東京都文京区音羽2-12-21 〒112-8001
電話　編集（03）5395-3512
販売（03）5395-5817
業務（03）5395-3615

装　幀　蟹江征治
印　刷　株式会社広済堂ネクスト
製　本　株式会社国宝社
本文データ制作　講談社デジタル製作

ISBN978-4-06-292358-3

「講談社学術文庫」の刊行に当たって

これは、学術をポケットに入れることをモットーとして生まれた文庫である。学術は少年の心を養い、成年の心を満たす。その学術がポケットにはいる形で、万人のものになることは、生涯教育をうたう現代の理想である。

こうした考え方は、学術を巨大な城のように見る世間の常識に反するかもしれない。また、一部の人たちからは、学術の権威をおとすものと非難されるかもしれない。しかし、それはいずれも学術の新しい在り方を解しないものといわざるをえない。

学術は、まず魔術への挑戦から始まった。やがて、いわゆる常識をつぎつぎに改めていった。学術の権威は、幾百年、幾千年にわたる、苦しい戦いの成果である。こうしてきずきあげられた城が、一見して近づきがたいものにうつるのは、そのためである。しかし、学術の権威を、その形の上だけで判断してはならない。その生成のあとをかえりみれば、その根は常に人々の生活の中にあった。学術が大きな力たりうるのはそのためであって、生活をはなれた学術は、どこにもない。

開かれた社会といわれる現代にとって、これはまったく自明である。生活と学術との間に、もし距離があるとすれば、何をおいてもこれを埋めねばならない。もしこの距離が形の上の迷信からきているとすれば、その迷信をうち破らねばならぬ。

学術文庫は、内外の迷信を打破し、学術のために新しい天地をひらく意図をもって生まれた。文庫という小さい形と、学術という壮大な城とが、完全に両立するためには、なおいくらかの時を必要とするであろう。しかし、学術をポケットにした社会が、人間の生活にとってより豊かな社会であることは、たしかである。そうした社会の実現のために、文庫の世界に新しいジャンルを加えることができれば幸いである。

一九七六年六月

野間省一

宗教

蓮如[御文《おふみ》]読本

大谷《おおたに》 暢順《ちょうじゅん》著（解説・前田恵學）

真宗の思想の神髄を記した御文を読み解く。蓮如が認めた御文は衰微していた本願寺再興の切り札となった。親鸞の教えと蓮如の全思想が凝集している御文十通を丁寧に読み解き、真宗の信心の要訣を描き示す。

1476

般若心経

金岡秀友校注

大文字版

「般若心経」の法隆寺本をもとにした注釈書。「般若心経」の経典の本文は三百字に満たない。本書は法隆寺本梵文と和訳、玄奘による漢訳を通して、その原意と内容に迫る。仏教をさらに広く知るための最良の書。

1479

修験道　その歴史と修行

宮家　準著

平安時代末に成立した我が国固有の山岳信仰。山岳を神霊・祖霊のすまう霊地として崇め、シャーマニズム、道教、密教などの影響のもとに成立した我が国古来の修験道を、筆者の修行体験を基に研究・解明する。

1483

龍樹

中村　元著

一切は空である。大乗最大の思想家が今甦る。真実に存在するものはなく、すべては言葉にすぎない。深い思索と透徹した論理の主著『中論』を中心に、「八宗の祖」と謳われた巨人の「空の思想」の全体像に迫る。

1548

聖書百話

北森《きたもり》嘉蔵《かぞう》著

神とは誰か、信仰とは何か、そして人はいかに生きるべきか……。これらへの答えは聖書にある。神、イエス・キリスト、聖霊、信仰、教会、終末等々の主題の下に、聖書に秘められた真のメッセージを読み解く。

1550

無門関を読む

秋月《あきづき》 龍珉《りょうみん》著

無の境地を伝える禅書の最高峰を口語で読む。公案四十八則に評唱、頌を配した『無門関』は『碧巌録』と双璧をなす名著。悟りへの手がかりとされながらも、難解で知られるこの書の神髄を、平易な語り口で説く。

1568

宗教

密教経典　大日経・理趣経・大日経疏・理趣釈
宮坂宥勝訳注

大乗の教えをつきつめた先に現れる深秘の思想、宇宙の真理と人間存在の真実を追究する、その精髄とはなにか。詳細な語釈を添え現代語訳を施した密教の代表的経典をとおして、その教義と真髄を明らかにする。

2062

仏教誕生
宮元啓一著

古代インドの宗教的・思想的土壌にあって他派の思想との対立と融合を経るなかで、どんな革新性をもって仏教は生まれたのか？　そこで説かれたのは「慈悲」と「救済」だったのか？　釈尊の思想の本質にせまる。

2102

ユダヤ教の誕生
荒井章三著

放浪、奴隷、捕囚。民族的苦難の中で遊牧民の神は成長し宇宙を創造・支配する唯一神に変貌する。キリスト教やイスラーム、そしてイスラエル国家を生んだ「奇跡の宗教」誕生の謎に『聖書』の精緻な読解が挑む。

2152

ヨーガの哲学
立川武蔵著

世俗を捨て「精神の至福」を求める宗教実践は「根源的統一への帰一」へと人々を導く——。チャクラ、調気法、坐法、観想法等、仏教学の泰斗が自らの経験を踏まえてヨーガの核心をときあかす必読のヨーガ入門。

2185

インド仏教思想史
三枝充悳著

古代インドに仏教は誕生し、初期仏教から部派仏教、そして大乗仏教へと展開する。アビダルマ、中観、唯識、仏教論理学、密教と花開いた仏教史に沿って、基本思想とその変遷、重要概念を碩学が精緻に読み解く。

2191

往生要集を読む
中村　元著

日本人にとって地獄や極楽とは何か。元来、インド仏教にはなかったこの概念が日本に根づくのには『往生要集』の影響があった。膨大なインド仏教原典と源信の思想を比較検証し、日本浄土教の根源と特質に迫る。

2197

宗教

頼富本宏著
密教とマンダラ

真言・天台という日本の密教を世界の仏教史のなかに位置づけ、その歴史や教義の概要を紹介。胎蔵界・金剛界の両界マンダラを中心に、その種類や構造、思想、登場するほとけたちとその役割について平易に解説。

2229

大貫　隆訳・著
グノーシスの神話

「悪は何処からきたのか」という難問をキリスト教会に突き付け、あらゆる領域に「裏の文化」として影響を及ぼした史上最大の異端思想のエッセンス。ナグ・ハマディ文書、マンダ教、マニ教の主要な断章を解読。

2233

大谷哲夫全訳注
道元「永平広録　真賛・自賛・偈《げ》頌《じゅ》」

禅者は詩作者でもあった。道元の主著として『正法眼蔵』と並ぶ『永平広録』の掉尾を飾る最終巻。道元が漢詩に詠んださとりの深奥を簡明に解説し、禅の思想と世界を追体験する。『永平広録』訳注シリーズ完結。

2241

河口慧海著／高山龍三校訂
チベット旅行記（上）（下）

仏典を求めて、厳重な鎖国下のチベットに、困難を乗り越えて、単身入国・帰国を果たした河口慧海。最高の旅行記にして、生活・風俗・習慣の記録として、チベット研究の第一級の資料。五巻本を二巻本に再編成。

2278・2279

竹村牧男著
日本仏教　思想のあゆみ

聖徳太子、南都六宗、最澄・空海、そして鎌倉新仏教。インド以来の仏教史の到達点である日本仏教の高度な思想はいかに生まれたか。各宗派祖師の思想の概略を平易に解説し、日本人のものの見方の特質を描き出す。

2285

荒牧典俊・本庄良文・榎本文雄訳
スッタニパータ［釈尊のことば］全現代語訳

かくしてひとり離れて修行し歩くがよい、あたかも一角の犀そっくりになって——。現代語で読む最古層の原始仏典。師の教えに導かれた弟子たちが簡素な生活の中で修行に励み、解脱への道を歩む姿がよみがえる。

2289

高田珠樹著
ハイデガー 存在の歴史

現代の思想を決定づけた『存在と時間』はどこへ向けて構想されたか。存在論の歴史を解体・破壊し、根源的な存在の経験を取り戻すべく、「在る」ことを探究したハイデガー。その思想の生成過程と精髄に迫る。

2261

ヴィクトール・E・フランクル著／中村友太郎訳（解説・諸富祥彦）
生きがい喪失の悩み

どの時代にもそれなりの神経症があり、またそれなりの精神療法を必要としている――。世界的ベストセラー『夜と霧』で知られる精神科医が看破した現代人の病理。底知れない無意味感＝実存的真空の正体とは？

2262

木田　元著
マッハとニーチェ 世紀転換期思想史

十九世紀の物理学者マッハと古典文献学者ニーチェ。接点のない二人は同時期同じような世界像を持っていた。ニーチェの「遠近法的展望」とマッハの「現象」の世界とほぼ重なる。二十世紀思想の源泉を探る快著。

2266

鷲田清一著
〈弱さ〉のちから ホスピタブルな光景

「そこに居てくれること」で救われるのは誰か？　看護、ダンスセラピー、グループホーム、小学校。ケアする側とされる側に起こる反転の意味を現場に追い、ケア関係の本質に迫る、臨床哲学の刺戟的なこころみ。

2267

コーラ・ダイアモンド編／大谷　弘・古田徹也訳
ウィトゲンシュタインの講義　数学の基礎篇 ケンブリッジ１９３９年

後期ウィトゲンシュタインの記念碑的著作『哲学探究』に至るまでの思考が展開された伝説の講義の記録。数を数えるとは。矛盾律とは。数学基礎論についての議論が言語、規則、命題等の彼の哲学の核心と響き合う。

2276

中島義道著
差別感情の哲学

差別とはいかなる人間的事態なのか。他者への否定的感情、その裏返しとしての自分への肯定的感情、そして「誠実性」の危うさの解明により見えてくる差別感情の本質。人間の「思考の怠惰」を哲学的に追究する。

2282